打開天窗 敢說亮話

WEALTH

天窗出版

超值美股

有績可尋

張玉峰 著

目錄

鄭文傑
FSG 集團執行董事

亂世中投資要按部就班

筆者認為當下金融圈，就好像金庸先生筆下的江湖一樣。有著各門各派，各有特色，時不時亦有新門派創立。而當下金融圈子，亦十分興旺，有虛擬貨幣到不同的金融衍生工具，琳瑯滿目，如果閣下有選擇困難的問題，相信閱讀完本書之後，作者會給你一個啟發，正如筆者一樣。

筆者與作者認識於一場商會活動中，當時亦時筆者介紹自己公司發展過程及所需的商業引薦，幸運地，認識了作者，而作者亦在今後創業及投資路上啟蒙了本人不少，由嶄新的 NFT 到傳統美股投資上面亦學習到不少新知識及亦有不少抓獲。本人尤其欣賞作者中在亂世當中，從不自亂陣腳，按部就班地實踐其投資計劃，那種處變不驚的心態，本人亦視其為學習對象。當得知作者要出書時，感到十分高興，因為香港一眾讀者有福了。

區佇綸
原創金融集團董事

深入淺出，接軌未來機遇

2022 年，隨著世界經濟在新冠疫情衝擊下逐步緩慢復甦，美國聯儲局為首的主要經濟體央行貨幣政策轉向、俄烏戰爭持續至今、區塊鏈行業持續爆破，全球股市震盪持續。

作者通過自身財金專業知識及多年投行的實戰經驗，以輕鬆有趣的筆觸為讀者深入淺出的了解美股港股市場的不同之處，同時接軌未來市場機遇。

在大國博弈引致環球市場環境急速變化的今天，加深對美國這個全球最大的經濟體、擁有全球最大的股票市場的認識，一定可以幫助讀者在未來投資上作出更適當的判斷。

Benjamin Ho
Principle One 董事

多角度分析
理解股市世界變化

作者小時候的港股投資經歷，相信是很多香港人在港股市場之親身體驗。有人說當電視台重播鄭少秋的《大時代》時，「丁蟹」現象又會在港股出現翻雲覆雨的變化。對於大部份打工仔而言，股票市場一直都是大行及大型基金操縱運作，我們哪有時間和專業知識來分辨市場的高低預測，都只是希望在股票市場中，能找到穩健的價值投資來保住辛苦打工來的積蓄，並且跑贏通脹而已。

近三年疫情改變了我們很多生活習慣，這是史無前例的一個大變化。在今時今日訊息那麼發達，資訊傳播速度之快，改變了各行各業的生態圈，戰爭加上貿易戰使各國出現很多貿易壁壘，到底如何在股票市場投資較為穩健長遠發展呢？作者在書中用多個不同角度及公司分析，提醒大眾投資者在選股，特別在美股的投資取向應要考慮的基本層面，提供很多案例分享說明價值投資的基本思考模式，以及如何客觀分析每間公司企業。

作者從第二章到第六章用上很多不同企業案例來分析現在市場取向，覆蓋的市場都是近年熱門技術及市場方向，包括傳統大型美股公司、高科技行業、EV 電動車，網絡雲端架構的 SaaS 服務如何認知核心客戶價值，市場最新的科技發展，對大部份人來說都不太理解這些新興科技帶來的商業價值，虛擬世界的 AR 應用到現在大家談論的元宇宙及虛擬貨幣，這些都是我們看美股的生力軍，也是我們天天在新聞裡看見的。此書給我們分享一些見解，讓普通投資者能更好地理解股市世界的變化，並該如何審慎看待價值投資的方向。

林建東
澳大利亞國家證券交易所主要股東
香港排放權交易所國際部總監

反覆閱讀 走上投資康莊大道

對於還在摸索投資美股階段的人，能接觸越多見解的書籍越好，如果你有時間，我推薦你閱讀這本書籍，我相信有助於你走上一條康莊大道，也能讓你學到許多財經知識。我建議你可以抽點時間拾起書本靜下心來閱讀，沉浸學習一段時間再開始投資。

不用多，一天讀個幾十分鐘即可。

惟有經歷過才明瞭箇中滋味，網路上有許多資訊真假難辨，但你可以透過廣泛閱讀建立自己的價值觀體系、知識體系，透過系統化地整理筆記、學習心得，慢慢地就養成辨別是非的能力，必須避免盲從的行為，避免盲目跟風而做出錯誤的判斷。

筆者以實踐者的角度闡釋他的投資哲學，同時帶給讀者深入又獨到的觀點，所認識的筆者是位優越投資人，兼具理性和邏輯思考，並且冷靜地應對投資市場。倘若你第一次看這本書，恐怕需要很長一段時間才能跟上筆者的思想，你知道這是無比的珍寶，但在運用上卻會有難處。如果你是長時間反覆閱讀這本書的讀者，你就會發現其中無與倫比的智慧，呼應你生活中的困境和感觸。

遠離香港財技股
長揸美國超值股

在買美股之前，我在求學時期也是先追捧港股，讓我嚐盡不少教訓。「贏在起跑線」這句話殘酷得來，又讓人難以辯駁。不過，或許是小時候不是在遊樂場蹓躂，而是被「託管」在證券行，故只得 7 歲的我便與股票機結下了不解情緣，也造就了日後從事股票相關的工作。

小時候家境並不富裕，雙職父母為口奔馳，而媽媽則在中環負責為公司派送文件。他們有個共同的「副業」，就是日內交易（day trading），希望每日可贏到千幾二千元，幫補少許家計便心滿意足。

讀下午校的我，每個早上大多百無聊賴，母親由於忙於工作，亦無暇照顧我。為了不額外花費金錢於補習之上，母親就決定帶只得七歲的我到中環一間證券行「託管」，並代替她坐在大股票機前看著股票價格的變動。還記得那間老牌證券行有不少退休人士打躉，大家除了圍繞大市高談闊論，亦常在股票機與買賣服務窗口之間來回奔走。與母親相熟的股民視我為孫仔般照顧，閒時逗我玩、中午又買飯盒給我「醫肚」。就這樣，陪伴我渡

過小學生涯的並不是一本本令人大笑的漫畫書或精彩絕倫的電視劇集，而是一堆堆會牽動人心的數字。

汲取教訓：公司「玩財技」不可取

年少氣盛最適合形容最初買股票的我。用從小儲下的利是錢，加上在旺角波鞋街當兼職銷售員賺到的收入與佣金，我在中三的時候便跟母親借了一個投資帳戶，用約 6 萬元本金初入股海。起初以為心態好就能順風順水，但欠缺技巧也是未能成事，一開始買的股票類型比較雜亂，首年埋單計輸掉 3 萬元左右。

輸錢讓仍然年輕的我感到氣餒，曾發悔氣地說：如果接下來的一年再輸就不再買股票。在痛定思痛後，我在第二年就只挑選自己看得明、比較了解的公司，其中一隻便是數碼通（0315）。它亦是我在中學生涯賺得最多的股份，於 8 元水平買入，至二十多元賣出，在一年之內錄得數萬元盈利。那次的成功，令作為初哥的我開心不已，同時讓我重燃希望，有動力繼續研究這個金錢世界。

買過不少港股，當中有兩個「號碼」令我印象較為深刻，其中一隻是曾經不少股民持有的「八號仔」電訊盈科（0008，前身盈科數碼動力），持有一段時間後，我發現公司的年報有問題，便毅然於 60 元水平沽出。該股票後來在 2000 年見 140 元高位（股份合併及經派息等因素調節後計）。眼見股價高企，但我未有為「提早離場」感到後悔，後來八號仔在 2000 年時「蛇吞象」收購香港電訊後便一瀉如注。一眾資深股民只能望而興嘆，返家鄉變成夢想。執筆時的 2022 年 11 月，股價更不足 4 元。

另外一隻就是於 2006 年上市的玖龍紙業（2689），皆因蝕得「最甘」。當時不少內地公司都以龐大的人口將帶來豐厚利潤作為招徠，加上紙業本屬「穩陣」的行業，故此我買了這隻股票。公司的基本面看似正常，但始料不及的，是後來公司「玩財技」，股價其後暴跌，我最後在虧損逾兩成時，狠心斬纜，交上約十萬元「學費」。

這兩間公司讓我深切地明白到公司掌舵人的重要：上市公司管理團隊的重點是殺雞取卵，抑或一心一意地做生意？部份在港上市的公司被淪為提款機，上市不久便殺雞取卵，或者玩財技，結果錯失了不少業務發展的機會，這亦是外國市場跟香港市場的一大分別。

尋找基本面穩打穩紮的美股

我初買股票時已有個習慣，就是記錄所有投資事宜，無論進出紀錄、個股表現、每年回報等，均用 Excel 詳細列出。在讀大學二年級時，在買港股以外，另闢美股戰線，首年的回報已經有 68.3%，成績明顯大幅跑贏過去幾年，令我對這個新市場更有信心。

要數我第一隻美股，就是多數人都有光顧的 Nike（NYSE：NKE）。原因無他，我在旺角做過一段時間「波鞋佬」，對這個品牌有一定認識，加上自己亦是用家，了解其產品的質素。生活很多時候成為我買股票的靈感，上月球、去火星等天馬行空的東西通通與我無關，亦不是我杯茶。

Visa（NYSE：V）是我另一隻愛股，它在 2008 年以史上最大規模之一的 IPO 上市。時值金融風暴，該股可說是在最壞的時候登場。即使 Visa 上市

之初就跟隨大市下跌，但我未有感到擔心，皆因自己深明這間公司的賺錢模式，其信用卡業務亦不用擔心沒有客戶。時至今日，信用卡已經基本上成為每個人的必需品，不少人更手執兩、三張信用卡，龐大的客戶基礎與市佔率成為他們的護城河。加上該公司的現金流持續強勁，故我由 Visa 上市之初至今，一直持有這隻股票，遇上大跌時更積極溝貨，累計盈利有十多倍。

美國的股票很有意思，從賺錢能力、估值合理、現金流等方面計算，我便在芸芸股海中尋到一隻又一隻具潛力的股票。軍工股洛歇馬丁 Lockheed Martin（NYSE：LMT）、有「國民保險」之稱的聯合健康集團（NYSE：UNH）、北美最大的廢棄物處理公司 Waste Management（NYSE：WM）等，都是我運用這條方程式而找到的心水股，一直作中長線部署。

不求「最佳價格」只求資產持續增值

直至現在，投資對我而言，最大目標當然是將財富不斷增值，即是參與一個「錢生錢」的遊戲。確保自己的投資組合有足夠的現金流，並且不斷將資產增值，這個機制應該是永恆不變的。坊間有人祈求自己透過買股票而一夜暴富，這實在有點不切實際，亦不應浪費時間與精力在捕捉所謂的「最佳價位」，因為你永遠不會估計到大市的變動。

儘管投資組合以美股為主，但我未有因而「捱眼瞓」、整晚坐在股票機前面望住一堆堆數字，反之，很多時間花兩、三小時研究下大市動態及挑選符合「方程式」標準的股票便上床睡覺。

由買入首隻美股至今，我雖然曾經錄得虧損，但整體股票資產升值逾廿倍，部份股票更繼續長揸。不知道由何時開始，我就覺得股票就如女朋友一樣，升市時她會讓你高興，跌市時就由你在背後支持她，大家的關係要保持一定空間，死盯著她也不會有好結果。我在意的並非一時三刻的快樂，而是放眼長遠的將來，這樣才能過得幸福、賺得更多。

公司股票若然是透過硬淨的生意規模而非消息面造好，這樣就可以安心持有。即使這類基本面穩紮穩打的股票跟隨市場大跌，亦只是數字遊戲，繼續買入甚至可以降低成本。

閱讀是通往成功的道路之一。「股神」巴菲特（Warren Buffett）與被譽為「全球最佳基金經理」的林奇（Peter Lynch）對我影響尤其深遠。他們對於買股票有兩大標準：第一，價格要平；第二，要清楚明白公司的業務。「不要以為冷門的生意不賺錢，熱門的生意才賺錢」。在股壇經歷夠多後，這一點無疑令我如夢初醒：為何大家要祈求股價在一刹那飆升？為何大家正盼望在一刹那賺到豐厚的成果？從市場邏輯而言，巨大暴利背後，帶著的就是巨大風險。林奇教會我的，還有不要盲目追求最好價位，因為永遠沒有人知道下一秒會是升，還是跌，大市並非你跟我可以改變到的事情。

★★★ 第一章 ★★★

美市既深且闊
更宜長遠投資

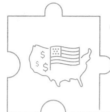

1.1 美股市值大港股9倍機構投資為主

投資者由「主場」港股，轉戰至「客場」美股，睇好美股市景前，還需要留意兩地股票市場的特性不同，也造就不同的市場環境，故此，我不厭其煩地先指出兩者市場的分別。

美市——全球成交量最高、流動性最強

美國證券市場是全世界規模最大，成交量最高、流動性最強的市場，也代表是全球最有效的股票市場。據統計，截至 2022 年首季，美國上市公司的總市值超過 49 萬億美元，約佔全球證券總市值 117 萬億美元的 41.6%。至於中國 A 股的市值佔全球比例為 10.9%，也代表美股的市場規模大中國的接近三倍。事實上，過去 10 年，美股佔全球股票總市值從不低於三成，也反映其金融市場的地位。同時在 2022 年首季，美股的每日平均交易量約 129 億股，雖然較 2021 年的高峰近 147 億股下跌近 12.1%，但仍然是全球交易最頻繁的市場。

值得留意的是，可在交易所買賣的基金（ETF）佔美股的交投量進一步上升，2022 年首季中，有超過 22.2% 的交投量由 ETF 貢獻，意味 ETF 對美股的影響也越來越大。至於港股方面，根據港交所出版的報告《市場資料

2021》，截至 2021 年底，港股的總市值為 42.38 萬億港元（約值 5.43 美億美元），相當於美股的 1/9，或佔全球證券市場總市值約 4.3%，每日平均成交額 1667.3 億港元，可見兩者市場規模及市場深度均有的巨大分別。

外國投資者無須付資本增值稅

美國證券市場經過多年發展，投資者結構經過多重變化。據美國聯邦儲備局的調查，上世紀 60 年代至 80 年代，美股仍然由散戶投資者主導。不過之後機構投資者開始成為美股的主要參與者。另一方面，外國投資者無須繳付在美國的資本增值稅（Capital Gain Tax），對比美國本地投資者更有優勢，故此近年也吸引越來越多外國投資者參與，成為美股另一股重大力量。

截至 2020 年底，參與美股的外國投資者已接近四成。而散戶投資者的佔比已減少至不到三成，剩餘三成則由多種不同類型的機構投資者組成：

慈善基金（Endowments）

由不特定的人數出資捐贈，目的是支持某些公益機構日常運作，如教育機構（包括大學、中小學等）、博物館、醫院、教會等涉及慈善活動的非盈利組織。

保險公司（Insurance）

由商業公司設立，目的是為保險購買人提供人壽、健康或財物損害賠償所需資金。此類基金必須納稅，並須接受政府相關部門的監管。政府部門對

此類基金能夠投資的資類別進行了嚴格的規定，如要求投資品種必須滿足最低信用等級、單一資產持股比例不能超過一定限制等。

商業銀行（Banks）

商業銀行吸收存款，然後放貸賺取利差和服務費用。其投資目的是為了提供短期流動性。與保險公司一樣，其收益需要納稅，並受政府部門監管，可持有的資產類別也受到嚴格限制。

對沖基金（Hedge Fund）

該類基金一般由個人發起，主要募資對象為高資淨值的個人或高收入人群。政府對此類基金的監管相對寬鬆，其基金經理人除了按照資總額收取固定管理費外，還按年度收益提取部分盈利分成，這些特點決定了對沖基金投資策略非常靈活、進出市場頻率較快、調倉迅速、作風強悍，通常注重於短期回報。

互惠基金（MutualFund）

此類基金具有特定的投資策略及目標，並向個體投資者募集資金，然後由專業投資機構及投資經理集中管理，達到分散投資風險的目的。

退休金（DB Plan）/ 公積金（DC Plan）

美國的退休保障比較完善，1981 年創立的 401K 退休金計劃，與香港的強積金計劃相似，員工可以每月將最多 15% 工資存入退休金帳戶，用作投資退休金計劃下的理財產品，待退休時才提取使用，並可得到稅務優惠。

目前，401K 及企業推出的退休金制度已成為投入美國股票市場的主要資金來源，並已佔美股相當於一成的資金。

至於港股方面，目前散戶及個人投資者的參與度仍然較高。根據港交所另一份研究報告《現貨市場交易研究調查 2020》，顯示在 2020 年，港股現貨市場成交金額中，有 10.2% 由本地個人投資者貢獻、5.3% 由外國個人投資者貢獻，以及有 28.1% 來自經證券商等交易所參與者，當中大部份屬於散戶及個人投資者貢獻。換言之，港股仍有約四成交投是由本地投資者及散戶帶動，比例上仍高於美股。

由於機構投資者會比較著重市場宏觀因素，由上而下（top-down approach）選擇最佳資產配資，以求獲得更好的經風險調整回報（risk-adjusted return），或由下至上（bottom-up approach）研究公司的營運模式，前景，市場佔有率，市場潛力等因素，找出潛力股票，並作中長線持有，故此如某一股票市場有更高的機構投資者佔比，有助降低股價的波動性。反之，如果市場的散戶佔比較高，而且成交額較低，市場深度及流動性不足，股市便容易受投資者情緒影響，令波動率變大。

美國巨企　難以用有限資金操控

美國股票市場的市值大，而投資者選擇美股時，一般會首先選擇知名的企業如蘋果公司（NASDAQ：AAPL）、Tesla（NASDAQ：TSLA）、Google（NASDAQ：Goog）、亞馬遜（NASDAQ：AMZN）等，這些公司除了市值大外，交易金額也相當高，個別股票每日成交量甚至超過 100 億美元（約 780 億港元）以上，相當於兩家交易最活躍的公司股票，

就等於一天整個港股的成交總額。（據港交所資料，2022 年 10 月港股每日平均總成交金額為 1,044.93 億港元。）

由於美股市值高，市場深度足夠，而且資訊相對流通，及對小股東的保障較佳，若有需要發動集體訴訟也相對容易，若管理層或其他有心之士，一旦做出任何違反市場行為的舉動，被揭發後往往需承擔較大的代價，故此，美股市場效率極強，大型股票難以用有限資金操控，一有任何消息即會在市場上反映。

所以，初入美股市場的投資者，往往會發現美股極為重視季度業績報表。一旦發布的業績好過市場預期，開市後往往會裂口高開超過一成；反之假如業績令市場失望，隨時會有兩三成以上的跌幅。遠的不說，例子可數前稱 Facebook 的 Meta（NASDAQ：META），2022 年 10 月公布第三季業績，純利大跌 49% 至 43.95 億美元，成績強差人意，令已疲弱的股價「再下一城」，翌日股價大跌兩成，2022 年頭 11 個月股價已插水近七成。

圖表 1.1 Meta 2022 年首 11 個月走勢

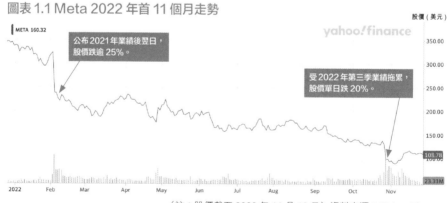

（註：股價截至 2022 年 11 月 18 日）資料來源：Yahoo Finance

至於港股，尤其是低市值的三、四線股票，由於市場深度不足，只要花費約 1,000 萬至 2,000 萬港元，就足以在香港股票市場影響接近九成上市公司的股價。另外，由於本地執法機構及證監會沒有域外執法權，假如管理層或莊家在內地或東南亞國家「大展拳腳」，到底證監會能否到這些國家蒐證及拘捕疑犯，並引渡至香港調查，也成疑問。監管機構有限制，令港股「春江鴨」情況也屢見不鮮，尤其是一些牽涉內地或國企上市公司的收購合併消息，往往在停牌公布前已率先炒起。例如匯聚科技（1729）於今年 1 月 31 日毫無消息的情況下被炒起，升幅超過 24%。成交額由往日不超過 500 萬港元，突然增加至 8,000 萬元，成交量突然活躍（見圖表 1.2 方框示），至翌日公司才停牌，交代大股東有意賣盤，其後於深圳掛牌的上市公司立訊精密（深：002475）於 2022 年 2 月 11 日「現身」，公布收購。

圖表 1.2 匯聚科技（1729）2022 年首 6 個月走勢

資料來源：Yahoo Finance

另一例子是廈門港務（3378），該股票在 2022 年 5 月中旬無任何消息下被炒起，然而公司一直無任何表示，直至 5 月 26 日才停牌，短短數日由 0.9

元炒高至 1.53 元，升幅高達七成，其後公布以每股 2.25 元回購股票並私有化，復牌首日再炒高至 2.13 元，可見率先入場、預知內幕的投資者，短短半個月就賺近一倍收益。

雖然「春江鴨」長期出現，但證監會例行動作都是不了了之。另一長期出現的問題是「微信女」，莊家股可以配合銷售渠道，即是找自己一些銷售團隊，即微信女，向街外人唱好。舉例，曾有人在社交平台開設群組，向一班投資者唱好某些股票，引人注意，亦有基金經理曾對外宣稱某個轉攻天然氣業務的股票有前景。若要扮專業一點，則向辦理投資移民的內地人推銷。

近期證監會打強打擊，例如在 2021 年 6 月龍皇（8493）股票暴跌，有唱高散貨之嫌。與此同時，集團大股東兼行政總裁、城中名廚「幟哥」黃永幟，在股價暴瀉前大幅賣股套現，最終在 2021 年底懷疑涉及造市被捕。不過，即使當局加強執法，「微信女」現象也未能完全消失，目前仍不時會出現一些細價股被人以「唱高散貨」形式操控市場。

必須強調，雖然美股市場對小股東保護較多，但也不乏市值低的細價股被莊家操控，也不代表買股票就包賺無蝕，投資者即使專注大型美股及具增長潛力的板塊，有機會受市場情緒影響而出現波動。畢竟投資有風險，不過長期投資於績優股及具增長潛力的板塊，則已多次被歷史證明，投資者終會獲得顯著的超額回報。

美股、港股採用不同會計準則

一般散戶、個人投投資，甚至連財經媒體也甚少注意到，港股及美股其實是採用不同會計準則。如企業計劃在美國上市，其業績披露需要符合《美國公認會計準則》（GAAP）；至於在香港上市的企業，則要符合《國際財務報告準則》（IFRS）、《香港財務報告準則》或《中國企業會計準則》。對於已在美國上市，並採用「同股不同權」方法在香港作第二次上市的企業，港交所也容許採用《美國公認會計準則》。各個不同會計準則的差別，主要在於存貨變化、商譽減值、無形資產攤銷及遞延稅項等有不同的解讀及要求，故此，企業成本在不同的會計準則下，有機會出現分別，最終影響到企業所呈報的利潤。

如果投資者沒有留意兩地會計準則之差別，僅依靠業績報告的數字而不作出調整，就為不同地區上市的同類企業比較，有機會出現偏差。舉一例子，在香港上市的騰訊（0700）的業績報告是符合《國際財務報告準則》，而在香港及美國上市的阿里巴巴（香港上市編號為9988，美股則是 NYSE ： BABA）所呈列的業績報告，則符合《美國公認會計準則》。由於兩者所呈列的會計準則不同，如果僅利用純利直接比較兩者的估值，例如市盈率（PE）等，就有機會因準則不同而出現偏差。

要解決這個問題，其中一個方法是利用企業提供經調整每股盈利（Non-GAAP EPS）數據，公司會就一些一筆過開支及其他開支作出調整，與同業比較會相對更有意義。然而，畢竟經調整數據僅由發布業績的企業提供，沒有市場公認的準則，每家企業對業績數據的調整也有分別。故此，在逆周期時，企業或有誘因對經調整數據進行粉飾，以求穩定利潤增長，避免

股價波動；或過度將開支入賬，以壓低利潤，減低稅務開支，同時壓低股價及成交量，有利財技開展，待來年業績增長更亮麗，股價急升，便可獲取額外回報。

美股可僅買一股　無碎股問題

港股最低買賣單位是「一手」，而每一手的股數則由上市公司釐定。例如恒生銀行（0011），每一手股數為 100 股，即投資者每次買賣恒生銀行，都要以 100 股的倍數進行交易。

手數的出現，在供股、拆股及合併股票（簡稱「供拆合」）等財技操作時，有機會出現「餘數」，即股東有機會分派到不足一手的股數，稱之為「碎股」。個別證券商提供碎股買賣服務，但賣出價一般較正常股票報價低。至於美股則較為簡單，一股都可交易，所以沒有「供拆合」等問題。

1.2 美企少派高息 寧作股票回購

買賣港股，手續費算是全球成熟市場體系中最高的地區之一。截至執筆時的 2022 年 11 月，香港政府對每宗交易，按成交額向買賣雙方各收取 0.13% 印花稅。換言之，如投資者買入 1 萬元證券，再平手離場，就要向政府繳付 26 元印花稅。同時，投資者也須向港交所、證監會及財匯局繳付約佔成交額的 0.0073%，作為交易系統使用費、交收費及交易徵費等。還未計算投資者須支付證券商的佣金及平台使用費。

美股交易成本低 但設 30% 股息稅

至於美股，海外投資者無須繳付資本增值稅，而交易美股沒有印花稅，故此，除了支付證券商的佣金及平台使用費外，美股投資者只須繳交少量交收費、交易活動費及證監會規費。

不過投資者需要留意，對比香港證券市場所有買賣訂單都會發送至交易所進行配對交易，美股散戶市場一般採用所謂的「訂單流付費」（Payment for order flow）系統，證券商接到的訂單，並非直接送到交易所，而是送到一些投行，如 Citadel 及 Virtu 等，投行會集中散戶的訂單，並與交易所的訂單做比較，如兩者價格有高低，便進行價差交易盈利，同時給予券商佣金。

訂單流付費可以令投資者交易時佣金更低，流動性更高。不過亦有聲音質疑，這種做法或會將散戶置於不利，券商也非向客戶給予最佳報價，從而令散戶利益受損。雖然交易美股成本較低，不過投資者需要注意，如美國上市公司宣布派息，美國政府會向香港投資者收取 30% 股息稅（Dividend Tax），直接在派息時收取，這或會影響投資者的預期回報。至於香港的上市公司，註冊地在中國內地以外的地區，並不會在公司宣布派息後收取股息稅。不過在中國的國營企業（也稱之為 H 股），則會向香港投資者收取 10% 股息，例如投資者有意投資意大利名牌手袋股普拉達（Prada, 1913），也需要額外繳付意大利的稅項。

港股不設股息稅　長期「食息」之選

換言之，香港的印花稅及交易手續費較高，但股息稅較低，如果投資者不選擇投資國企 H 股及普拉達，基本上沒有股息稅，故此港股投資者較少選擇以股票作為日內交易的選擇，一般利用不收取印花稅的期貨或衍生工具，同時由於不設股息稅，港股投資者的「坐貨期」一般較長，收息股也成為一些年長投資者長年「食息」之選。

至於美股由於手續費低廉，容許投資者以低成本進行交易，於是複雜的高頻率差價交易、量化交易及程式交易大行其道。但這些交易方法需要極高時間成本學習，也需要大量資金及長期監控，對一般投資者並不合適。另一方面，傳統價值投資方法，如巴菲特的投資旗艦巴郡，至今仍可獲得超額回報，並在美股波動時防守性更強，適合不諳程式的投資者學習。

美企回購　股東回報較派息有利

由於美股設有股息稅，故此逐利的投資者並不要求管理層豪派股息，反而要求管理層將原來計劃派息的資金進行股票回購（share buyback）。舉一例子，如果有一家美國上市的公司，發行 100 股，每股價值 100 美元，其總市值就有 1 萬美元，如果公司的總權益（equity）也是 1 萬美元，管理層有意將 5% 資金用作回購，也就是用 500 美元在市場上回購 5 股股票再註銷。由於回購股票不用支付股息稅，結果這家公司總權益為 9,500 美元，在市場流通 95 股股票，每股價值同樣是 100 美元，但股東持股佔比則有提高，因市場流通的股票減少了。

對比管理層有意將 5% 資金用作派息，這家公司總權益同樣是 9,500 美元，但市場流通 100 股，理論上每股股價會減少至 95 元，同時，由於政府會徵收股息稅，以 30% 計算的話，股東只能拿取 350 美元的股息。對比回購操作，派息反而令股東損失 150 美元，或 1.5% 的本金，對願意長期持有上市公司股票的股東相當不利。

同時，股票回購可以讓公司在公開市場上以市場價格購買其股票，通常情況下，宣布回購會導致股價飆升，因為市場認為這是一個積極的信號。事實上，蘋果電腦從 2012 年 3 月開始支付季度股息並回購其股票。根據 S&P Global Market Intelligence 的數據，從那時起一直到去年夏天，蘋果電腦已花費超過 4,670 億美元進行回購。

自 2018 年 8 月蘋果電腦首次達到 1 萬億美元市值以來，其股價已上漲 2.52 倍，而市值則上漲了約兩倍。回購計劃同時已將該公司的股票數目，從

2018 年 6 月底的約 194 億股，減少到現在的約 164 億股。蘋果電腦的股票持續上漲，說明回購計劃的力量。

美國防守股　淨股息不及港公用股

所以，相比買港股等派息的策略，要求上市公司管理層將資金進行股票回購更有利，我不會過度熱衷投資於坊間所謂的「高息股」或派予高息的美國股票。不過，也有有一些上市公司依據其傳統派發股息，以吸引傳統基金長期持有，例如煙草、博彩、電訊、公用及銀行股等，一般股息率有機會達到 4% 以上，煙草公司的股息率甚至達到 7% 以上。

然而，除了煙草股如奧馳亞（Altria Group, NYSE ： MO）及菲利普莫里斯國際（Philip Morris International Inc., NYSE ： PM）外，其他板塊在港股中也有代表公司，例如銀行股有恒生（0011）及中銀香港（2388）、博彩股有金沙中國（1928）及銀娛（0027），電訊公司有香港電訊（6823）及中國移動（0941），公用股則有中電（0002）及等，值得「收息一族」留意。

更重要的是，港股至今仍未推出股息稅。隨意舉一個例子，如果香港電訊派 5 厘息，美國電訊股 AT&T（NYSE ： T）派 6 厘息，看似後者派息較高，但由於美國推出股息稅，稅率 30%，投資者實收的股息率只是 6% X (1-0.3) = 4.2%，反而比投資香港電訊為少。換言之，香港投資者在投資 AT&T 時，除了要考慮股息外，還需考慮到底 AT&T 每年的股價回報，能否長期穩定地跑贏香港電訊 0.8% 呢？要投資者買收息股時還要多思考這個大問題的話，倒不如直接買入香港電訊並長期持有，豈不是更簡單直接的投資方法？為何還需要勞師動眾、越洋過海買美國的防守性股票？

事實上，在長期來看，個別香港的收息股表現也相當亮麗。同樣以香港電訊為例，公司在 2011 年由電訊盈科（0008）分拆上市，直至 2022 年 9 月底，至今收市約 9 元股價約 3.5 元，如果由 2014 年 1 月 1 日起計，公司已派近 8 元的利息，換言之，如果投資者在 2014 年開始買入香港電訊的話，持股至今，並扣除公司的派息作為成本的話，其股票的回報率已經達到 10 倍左右。

對比美國收息股選擇之一的煙草股，如 Altria Group（奧馳亞，NYSE：MO）及 Philip Morris International（菲利普莫里斯國際，NYSE：PM），兩者由 2014 年至今，扣除股息後股價僅升一倍，雖然從利息數據看都超過 7 厘，看似比過去香港電訊派 5 至 6 厘更為豐厚，但扣除 30% 股息稅後回報只有約 4 至 5 厘，比香港電訊更少，而股價也沒有跑贏香港電訊，反而遠遠落後，總回報大幅跑輸，結果出現股價跑輸，股息又跑輸的「雙輸」慘情。

圖表 1.3 Altria Group 及 Philip Morris International 2020 年至 2022 年股價走勢

（註：股價截至 2022 年 9 月）資料來源：Yahoo Finance

所以，要越洋渡海買美股，必須要先知道港股與美股的遊戲規則的不同，同時也要清楚知道自己為何要投資美股。由於美股手續費低、以每股計算手續費而非每手計算，以及有股息稅等情況，所以在美股個股選擇上，投資者應該集中選擇股價及成交量較高的個股，以降低手續費佔比，同時避免選擇收息股，以免因股息稅影響總投資回報，並集中火力研究回購為主的上市公司，才會對投資者利益最大化。

選收息股　還看利息周期

在本書的前言曾提到我有長線部署美股 Waste Management，公司曾有回購及派息動作，不少人因而將之視為「穩健派息股」，投資者當然可以計算管理層回購帶來的回報，但如果單一地以派息作考慮的話未必化算。

Waste Management 是美國最具規模的環保解決方案供應商，並獲得微軟（NASDAQ：MSFT）創辦人蓋茨旗下慈善基金入股。其業務覆蓋整個環保產業，由垃圾收集、運輸、回收及循環再造、處理及收運醫療及放射性等危險廢料、堆填區營運及服務，以至可再生能源業務，如垃圾焚化發電及收集可再生天然氣等。目前服務的企業及住宅客戶超過 2,000 萬個。

圖表 1.4 Waste Management 2020 年至 2022 年股價走勢

（註：股價截至 2022 年 9 月底）資料來源：Yahoo Finance

由於其業務特性，Waste Management 必然屬於重資本行業，故此管理層需要考慮的發展方向是，如何令回收及焚化廠房的營運效率提高，增加收入之餘，同時減少固定資產折舊及攤銷佔總業務開支的比例，同時需要做好債務結構，因應社會當時是處於加息周期，抑或是減息周期。

如果是加息周期，則需要觀察公司能否減少浮息債務及債務總額，以減低利息上升對利潤及現金流的衝擊；當美國處於減息周期，則要留意公司有沒有借機發行更多利息較低的定息債券，以降低利息成本，同時有沒有尋找同業併購的計劃。畢竟，這類行業的公司有一定的專業及監管條件，意味同業技術並沒有顯著的高低分別，持續合併及釋放協同效應，以提升營運效率、增加收入及利潤，是這類公司的命運。

這類公司的風險，主要是債台高築，槓桿過大，一但利息周期轉換，容易被利息所困。然而，一般而言，通常出現這些風險的公司，是位處二三線的企業，營運效率較差，「老大」則有經營優勢，若不加槓桿經營，快速

做大，容易被「磨死」，惟判斷失當，利率急升無法還錢，最終則會被「老大」吃掉。

Waste Management 是行業老大，資產負債結構穩定，沒有必要進行具風險的營運操作，作風保守有餘而進取不足，只等經濟波動再伺機收購其他同業，以取得協同效應，但也有機會面對美國的反壟斷審查。在 2019 年收購同業 Advanced Disposal 時惹得美國司法部審查，最終須將部分收購的資產出售予 GFL Environmental，以符合監管當局的要求。

香港雖然沒有具規模的同業上市公司，但內地則有多家國企經營的廢物處理公司，例如海螺創業（0586）、海螺環保（0587），以及光大環境（0257）等，個別企業每年派息超過 10 厘，但基於其國企背景及地緣政治因素，股價表現不甚理想，但對於食息一族來說，超過 10 厘的國企股也有一定的吸引力，而 Waste Management 的息率只有約 1.6 厘。

1.3 美價值股 & 增長股 投資期宜長不宜短

美股對價值投資者及長期投資者相對友善。如果用追蹤香港恒生指數的盈富基金（2800）及追蹤美國的標準普爾 500 指數的 Vanguard 標普 500 指數 ETF（NYSE：VOO）做比較，可以發現，截至 2022 年 5 月 31 日，過去 10 年 VOO 的年均回報為 14.4%，而恒生指數的年均回報竟然只得 0.0%！換言之，假如投資者 10 年前持有盈富基金，至今只能打個和，甚至跑輸做定期存款或買儲蓄保險的回報！反之如果持有 VOO，即使過去十年股市也出現多次波動，但仍然給予投資者穩健的回報。如果比較 2020 年至 2022 年 6 月的表現，即使環球股票市場波動，但 VOO 期內亦有逾 16% 增長，相反盈富基金則下跌逾 15%。

圖表 1.5 VOO 與盈富基金 2020 年至 2022 月 6 月走勢

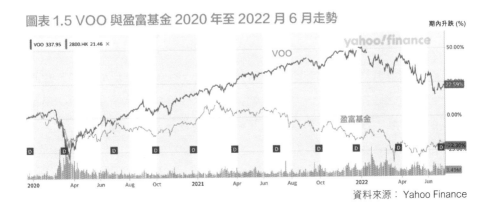

資料來源：Yahoo Finance

也因為港股過去數年的表現屬於「有波幅，無升幅」，於是養成許多以炒波幅為先的投資者，他們喜歡依靠「技術分析」判斷買賣時機。我相信90% 接觸股票的人略懂技術分析，部份老手甚至會靠「感覺」入市，事實上，他們的操作有時候跟技術分析很貼近，看線圖來猜測未來會大漲、會大跌，但如果真的那麼準確為甚麼老手還是會輸錢呢？

巨企股價　中長線具爆發力

巴菲特曾經說過：「技術分析就像看著倒後鏡開車前進……」市場上所有數據分析，都是依靠歷史數據，是過去式。雖然有技術分析專家認為，股市具有周期，也會出現一些短期性及大致相同的走勢，但不能否認的是，我們投資股市，是預期未來得到回報。「市場先生」永遠具備情緒化的特質，讓我們不會知道明天股市會大升還是大跌，歷史數據或者有助投資者預測後市，但始終帶有高度不確定性，準確度或會有變化，都會為組合帶來風險。

股民短炒股票投機，整天「出出入入」頻繁交易，容易忽略了發掘及長期持有優質股票的重要性。必須強調，即使是股神巴菲特，也難以準確判斷短期的股價波動賺錢，而是長期持有具增長性、深度護城河的企業，故真正可發達的正確投資方法，是要化繁為簡，徹底研究個別企業本質、價值以及前景發展，只要能成功以合埋價格買入優質企業，即會長期持有，不理會短期的股價波動。

看似簡單的長線獲利方法，才是不敗的投資之道。遺憾的是，散戶往往選擇錯誤的短炒投機，最終損失慘重。

蘋果 15 年回報 46 倍　微軟 8 年升 7 倍

投資者經常墜入一些誤區，導致有些股票不敢買，卻經常留意一些「莊家股」及「細價股」等，希望可以搭順風車，趁股價爆升可順手撈一筆。或許有時候投資者會嚐到甜頭，但只要一不小心墜入「微信女股」等唱高散貨的圈套，就有機會出現大額虧損。長期而言，這些操作會嚴重影響回報。

反而，規模大，業務穩定，具深度護城河的企業，卻很難獲得散戶投資者的注意，主因是股價高、入場費貴、波動低、升得慢、沒有爆發力。然而，投資者抱有這種想法的話，在美股市場往往會失去跑贏大市的超額回報。

我們可以利用蘋果電腦及微軟作為例子，看看規模大、市值是全球排名頭二的公司，到底股價有沒有增長動力。

由蘋果電腦 2007 年推出 iPhone 至今，由當時的 85 美元，升至現時約140 美元的水平，看似在過去 15 年只有約 65% 的升幅，但投資者必須留意，蘋果電腦在 15 年來進行了兩次拆股，一次在 2014 年 6 月 1 股拆 7 股，另一次在 2020 年 8 月 1 拆 4，換言之如投資者在 2007 年買入 1 股蘋果電腦，現在已持有 28 股，而每股股價則由購入時的 85 美元，變成 140 美元，這 28 股股票已值 3,920 美元，未計股息，15 年的回報已高達 46 倍，平均每年回報率高達 29%！

所以，投資者能夠說跨國企業的股價就沒有爆發力嗎？

至於微軟，如果由納德拉（Satya Nadella）於 2014 年 2 月開始掌舵微軟，並開始推行其「雲」策略後開始買入，到底可以得到多少回報：

同樣不計算股息，微軟股價在 2014 年 2 月約為 35 美元，到 2022 年 6 月股價高達 270 美元，升幅在短短 8 年之間也高達 7.7 倍，每年平均回報同樣也接近三成！這也反映出，其實投資者無須過度關注有沒有「內幕」或哪些中小型股票較具爆發潛力，只要直接投資企業具質素，業績能夠長期持續增長，並有核心競爭力的公司，然後就可以坐享回報。

由此可見，假如投資細價股，隨時有機會輸掉全部本金；但投資市值最高的兩隻美股，只要堅持長期持有，即使在高位買入後有機會「捱價」，但不足數年，就能夠「打和」，再繼續持有，就能給予投資者越來越高的回報。這些股票可能沒有一日暴升幾成的爆發力，但勝在夠穩健，投資者只要定時將收入的一部份投資於這些規模大兼具成長價值的公司，就可以為自己的資產增值。

分辨價值股、增長股

投資美股，一直都有「價值股」及「增長股」兩條路線供投資者選擇。對投資者來說，如何分辨「價值股」及「增長股」？哪些時候應該買入「價值股」，哪些時候應該買入「增長股」呢？

2021 年美股興旺，被喻為「增長股」的基金 ARK investment 表現亮麗，其投資總監 Cathie Wood 更被一眾網民捧為「契媽」；但 2022 年美股轉弱，ARK 亦告下跌，令網民不得不重推「股神」巴菲特的金句：「只有潮退之時，你才會知道誰在裸泳。」

更有趣的是，Wood 曾經自詡是 Deep Value Manager（深度價值投資管

理者）她認為自己本質上也是價值投資，只是看重的面向不同。至於巴菲特曾說過，價值投資其中的「價值」兩個字原本就是多餘的，因為沒價值的股票根本不需要投資。如果「價值股」及「增長股」不分清楚，難免令投資者茫然不知所措，感到混亂。

價值股──行業龍頭盈利平穩增長

在討論之前，首先要對「價值股」及「增長股」作出定義。部份投資學派，會利用每股盈利增長率（EPS growth rate）、市盈增長率（PEG）及收入成長率等數據，去判斷哪些股票是屬於增長股，抑或是價值股，甚至設有具體的數字供投資者參考，例如某上市公司的 EPS growth rate 每年大於 15%、PEG 大於 2 倍是屬於增長股；市賬率小於 1、股息率高於 5% 等是屬於價值股類別等。然而市場股票眾多，利用「硬指標」辨別增長股或價值股並不準確。我認為更應該從兩種投資策略背後的邏輯去切入，才能更好的理解增長股和價值股該怎麼去做抉擇。

其中，價值股有以下的特性：

1. 有高股息率，低市賬率（Price to Book Ratio, PB）和低市盈率（Price to Earn Ratio, PE）。投資者認為公司增長較慢及受較高程度的監管，因此股價通常較低。

2. 公司收入及盈利增長平穩，用戶增長已經飽和，業務潛力已見頂，難以出現突破，難以吸引散戶投資者的興趣。部份企業則容易受經濟周期影響，增長時快時慢。

3. 行業已被多個玩家壟斷，或出現寡頭壟斷及多個龍頭企業，中小型企業只能賺取微利，或等待龍頭企業併購，行業難以創新。

價值股的代表，包括銀行保險業、石油、採礦、化工及製衣等傳統工業，增長空間較少，預期憧憬較低，故此股價的爆發力也較低。不過大部份行業龍頭，都擁有大額資產及業務增長穩定，每年穩定派息，故仍能吸引部份機構投資者及長期投資者注意。

增長股——未見盈利但增長速度倍升

至於增長股，則有以下特性：

1. 營業額有望以比市場平均水平更快的速度增長的公司，一般年增長會有三成以上，甚至有數倍以上的增長。不過企業或許未有盈利，或需要更多資本擴充業務，一般不派股息。

2. 高市賬率（PB）和高市盈率（PE），對於一些未有盈利的增長股，甚至會利用市銷率（Price to Sale Ratio，PS）。投資者認為公司增長較快，公司資本結構可以快速改善，甚至有望在某一時間業績由虧轉盈，故此一般給予較高的估值。

3. 由於投資者對增長股抱有很高的預期，如果沒有實現這些預期，增長股價格會急劇下跌。

一般而言，具有前瞻性技術的科技企業，都屬於增長股。例如生物科技研發企業、雲端服務企業、社交應用、電動車及 3D 打印技術企業等。

讀者可以發現，「價值股」及「增長股」的核心分野，其實就是業務增長以及業務潛力上限。企業專注的業務營業額增長越快，市場對公司的業務憧憬越樂觀，投資者對公司的利潤就有越大的容忍度，因為他們預期只要公司業務持續增長，終有扭虧為盈的時刻，屆時公司的價值也就會大幅提升，早期投資者就能獲得巨額回報，所以也給予更高的估值。

反而，如果企業業務增長慢，投資者重視的是企業如何回饋股東。股息率越高，也就對投資者更有吸引力，但由於業務傳統、增長慢，難以吸引散戶投資者參與，故此股價難有爆發上升的動力。

加息周期　增長股升幅不及 QE 時

雖然增長股升幅快，但宏觀經濟放緩，息率上升，會對股價構成嚴重的破壞力。因為加息會令資金逐漸回到銀行體系，留在股市的「熱錢」減少，股價難以在高位維持。同時，對企業營運方面，息率越高也代表資金成本越高，如果企業仍持續「燒錢」保持增長，有機會出現資金周轉不靈的風險，會對股價構成向下壓力。所以，增長股股價也相當波動。

2020 年美國因疫情而大規模放水，增長股大幅跑贏。有人說巴菲特著名的「價值投資」已經過時，但這個結論過於武斷及片面了。事實上長期看來，增長股和價值股各有勝負。圖表 1.6 是分別投資增長股及巨企價值股的標普 500 成長指數和標普 500 價值指數走勢做例子。綜觀 2018 年至 2022 年 6 月，價值股升幅看似沒有增長股般快速，不過 2022 年市況波動情況下，價值股指數跌幅逾 25%，另邊廂增長股僅跌約 11%。

圖表 1.6 標普 500 成長指數與標普 500 價值指數 2020 年至 2022 年 6 月表現

資料來源：Yahoo Finance

巴菲特與 Cathie Woods 選股偏好

圖表 1.7 及圖表 1.8 顯示由巴菲特掌舵的巴郡（Berkshire Hathaway，NYSE：BRK-A）與 Cathie Woods 管理的方舟投資（ARK investment）的五大持倉。其中圖表 1.7 是巴郡截至 2022 年 9 月 30 日的持倉，這個市值逾 2,960 億美元的股票組合包括可口可樂（NYSE：KO）、美國銀行（NYSE：BAC）之類的傳統產業股；我們也可以看到，巴菲特最大的持股竟是蘋果電腦、佔整個組合約 41.76%，市場普遍認為蘋果電腦屬於具增長性的科技股。然而，在巴菲特角度，他將蘋果電腦視為消費品股而非科技股，故此對他來說，投資蘋果電腦也屬於價值投資中「用合理的價錢買好公司」的體現。

圖表 1.7 巴郡五大主要持股

股份	美股編號	持股市值（美元）	持股數量	持倉百分比
蘋果電腦	AAPL	123,661,679	894,802,319	41.8%
美國銀行	BAC	30,505,039	1,010,100,606	10.3%
雪佛龍	CVX	23,757,173	165,359,318	8%
可口可樂	KO	22,407,999	400,000,000	7.6%
美國運通	AXP	20,453,800	151,610,700	7%

（註：資料截至 2022 年 9 月 30 日。百分比以四捨五入計算） 資料來源：巴郡向美國 SEC 之申報

另邊廂，圖表 1.8 則是方舟投資（ARK investment）的組合，與巴菲特的南轅北轍。持有的包括 Tesla 及 ZOOM（NASDAQ：ZM）這類的新經濟股，這反映巴菲特對價值股的偏愛，而 Cathie Woods 則專注投資增長股。

圖表 1.8 方舟投資五大主要持股組合

股份	美股編號	業務	持股市值（美元）	持股數量	持倉百分比
Tesla	TSLA	電動車	1,082,861	4,082,417	7.5%
Zoom	ZM	視頻通訊	802,186	10,900,740	5.6%
Roku Inc	ROKU	串流平台	672,236	11,919,066	4.7%
UiPath Inc	PATH	機械人自動化軟件服務	581,120	46,084,074	4.1%
Exact Sciences Corp	EXAS	分子診斷	570,606	17,562,502	4.0%

（註：資料截至 2022 年 10 月 17 日。百分比以四捨五入計算） 資料來源：方舟投資向美國 SEC 之申報

方舟投資是透過廿各項財務指標去評價一間公司，更看重的是這項技術、產業在未來能有多大的發展潛能，甚至有機會造成「破壞性創新」，即新的技術及業務模式令以前的「巨無霸」變成一堆頹垣敗瓦。例如前菲林相機巨頭柯達（NYSE：KODK）昔日曾是攝影器材的龍頭，可惜沒有適應數碼相機的潮流，結果只成為小眾玩意，成為日漸被市場遺忘的品牌。

投資者一旦選中這些成功的創新公司，業務總有機會出現爆發式增長，連帶股價也有機會衝上數十倍，即使現價高企，但在未來而言，仍是非常廉價，這就是投資增長股的理由。

圖表 1.9 巴郡與 ARK investment 2021 年至 2022 年 9 月表現

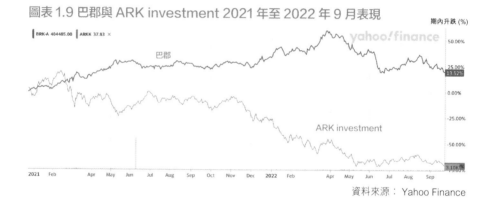

資料來源：Yahoo Finance

不過，要判斷哪些公司能夠受惠科技進步，並能夠成功搶佔市場，非常困難。另外，初創企業容易受天時地利人和影響，經濟放緩、加息、主要客戶取消訂單等，都有機會令這些初創公司由「破壞性創新」的希冀到出現毀滅性的打擊，令股價出現急跌。2022 年環球市況轉壞，連帶方舟投資旗下主要基金 ARK Innovation ETF（NYSE：ARKK）股價一度跌至 40 美元，已回到疫情前水平，如果比較納斯達克指數更大幅跑輸：

圖表 1.10 ARK Innovation ETF 與納指 2021 至 20222 年 9 月表現

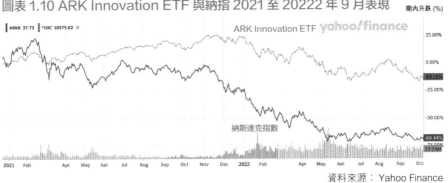

資料來源：Yahoo Finance

這也反映投資增長股的主要特性：波動率極大，投資者可以有跑贏大市的市場回報，但如果沒有足夠的市場觸覺，遇跌市時也有機會出現顯著回撤，甚至大幅跑輸大市。

1.4 季度業績前後 部署美股策略

港股要求主板的上市公司，需要在財政年度完結後 3 個月內發布全年業績報告，以及在財政年度的上半年結束後兩個月內，發布中期業績報告，換言之只要求主板上市公司每年至少發布兩份業績報告。至於創業板則需發布季度報告，即一年須發布至少 4 份業績報告。

由於部份在香港上市的股票，在中國 A 股也有上市，而中國證監會則規定，上市公司需要發布季度業績報告，所以有時會見到一些在中國及香港上市的 H 股，都會公布業績報告。

至於美股與 A 股一樣，上市公司都需要公布季度業績，而比 A 股及港股更重要的是，由於美股機構投資者的佔比更高，加上 ETF 發展迅速，故此對個股季度業績的表現及預期會更為敏感，因為機構投資者會更為留意上市公司的經營狀況及未來的增長預期，同時由於美股流動性及效率較佳，只要數據稍為好過或差過市場預期，股價就會大升或大跌，尤其是市值較小的中小型增長股上。故此，投資者需要注意業績公佈日的時間，並且作出相應對策：

避免在業績發布前後幾天交易

我不建議在美股的季報公佈之前或之後的幾天進行大量交易，特別是季報公佈前屬於敏感時期。如果交易獲得很大的利潤，會引起監管機構懷疑投資人是否提前獲知內部消息的嫌疑。

另一方面，由於美股在業績公布後，股價波幅會突然上升，如果投資者「賭錯邊」，會蒙受嚴重損失。而市場對業績的解讀，或者與投資者的解讀有差別。例如公司公布一份業績倒退的報告，但管理層強調未來一季業績會有明顯的增長，有機會令市場無視業績倒退的消息，而專注未來的增長而大升，令股價未如預期般下跌。如果投資者賭業績下跌，即使方向正確，最終也會出現損失。

故此，在美股業績發布前後幾天，盡量避免沾手這些股份，尤其是中小型股票，公布業績後有機會出現兩三成的升幅或跌幅，會對投資者的投資組合出現明顯的影響。故此在某程度上，美股「搏業績」與「賭單邊」意義相近，追求穩健的投資者應要迴避。

為持有的股票做 Long Put 對沖

部份投資者選擇在美股業績前迴避入市，但如果投資者已持有一些美股，而不想在業績公布前減持或清倉，則可以選擇進行對沖操作。

美股的股票期權市場也較港股發達，投資者可以在公司業績前買入相關的認沽期權（Long Put）來達到對沖效果。即如公司股價因業績差而急跌，認沽期權價格上升，就能夠抵銷個股的損失。

不過要注意的是，美股可以單買一股，但美股期權每張合約相當於 100 股相關的股票，換言之，如果投資者的持倉不足 100 股，買入 1 張認沽期權的話，就有機會出現過渡對沖。另外，在業績公佈前由於專業投資者及機構投資者對認沽期權的需求上升，投資者或需要更付出更高的期權金（Premium），若個股不跌反升，投資者有機會輸掉期權金。

龍頭企業公佈業績後　可考慮周邊企業

前面章節提到，投資者應避免在公司發布業績前買入有關的公司股，不過對於剛公布業績的公司，其同業競爭對手及上下游公司都值得投資者留意。

美股的季度業績發布期與公司的財政年度、公司過去的發布傳統時間等有關，個別公司更會因避免投資者過度解讀，往往會在每年同一日子公布季度業績。故此，每家公司會有不同的業績發布日期。

例如，旅遊網站 Expedia（NASDAQ ： EXPE）剛公布了一個超過市場預期的業績，而管理層對下一季度的表現仍然樂觀。這些消息會對造就 Expedia 顯著上升，如果投資者在上升後才買入，回報未必亮麗。

不過，投資者可以思考：既然 Expedia 業績增長迅速，其同業對手 Booking Holding（NASDAQ ： BKNG）如未公布業績，投資者則可以開始留意並考慮部署：到底 Booking Holding 是否也會有亮麗的業績？抑或是後者的營運策略失誤，導致市場佔有率被 Expedia 蠶食？如果結論是前者，投資者可以考慮買入 Booking Holding。（資料顯示，EXPE 於 2022

年 2 月 10 日公布 2021 年財報，而 BKNG 則於 2 月 23 日公布。）

圖表 1.11 Expedia 及 Booking.com 2022 年首 9 個月股價走勢

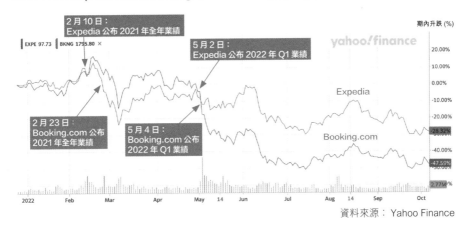

資料來源：Yahoo Finance

另一方面，Expedia 業績增長也反映歐美國家的旅遊業正在好轉，所以酒店、機票或郵輪等需求也會提高。故此，投資者可以留意美國的酒店板塊，如希爾頓酒店（NYSE：HLT）、萬豪酒店（NASDAQ：MAR）、美國航空（NASDAQ：AAL）或嘉年華郵輪（NYSE：CCL）等下游板塊，如果有公司未發布業績，可以搶先入場，搏其業績與 Expedia 走勢相似。

圖表 1.12 Expedia 與希爾頓酒店 2022 年首 9 個月股價走勢

資料來源：Yahoo Finance

這種投資策略尤如「順藤摸瓜」，但需要投資者對行業及企業營運有較深入的理解。即使 Expedia 業績增長迅速，但如果油價在高位，其實會增加航空公司及遊輪公司的成本，並影響其利潤，故走勢上或比酒店板塊差。投資者需要從多個角度分析，才能在不同的資訊中尋寶，獲取超額回報。

★★★ 第二章 ★★★
優質價值／增長股
超值之處

2.1 優質股 3 大條件 築起護城河

所有價值投資的論說，都會提及到投資者必須買「好」公司，並長期持有，才會得到超額回報，大家也隨便可以説出一些知名巨企價值股，也被譽為是「好」公司問題是，到底公司有甚麼特質，才能被稱之為「好」公司，值得進一步研究及部署呢？我認為，一家好公司，必須具備核心競爭優勢，具有良好的商業模式及精準市場定位這三大條件。

核心競爭優勢：顧客忠誠、對手難跟

一家企業的核心競爭優勢，也就是「股神」巴菲特價值投資理論中的「護城河」。我認為美股最值得欣賞的一點，就是部份企業具有深度的護城河，值得投資者長期持有，以分享回報。所謂「護城河」，就是企業生產的商品或服務具有獨特性，甚至有壟斷性，令用戶持續「課金」消費，令企業可長期獲得穩定的現金流，分派股息、回購股票，甚至開展新業務，鞏固自己的市場優勢等。

一家公司推出的產品或服務，只要符合以下的要求，都可以說具有護城河，或擁有核心競爭優勢：

1. 能夠持續獲取新用戶；

2. 用戶願意為該公司推出的產品或服務持續付費；

3. 用戶的忠誠度高，不容易「轉會」至新的競爭對手，及

4. 相關產品或服務的生意模式難以被新的競爭對手模仿。

為解讀這些要求，以下是一些具有深度護城河的企業。

蘋果 & 微軟　忠誠用戶有增無減

蘋果電腦的智能手機市佔率全球第二，盈利大幅拋離對手，iPhone一般貢獻公司約七成的營業額。電腦市場則排名前三，雖然都沒有壟斷市場，但整個市場競爭對手都跟隨其步伐。公司每年第三季度都會發布新 iPhone，並會在其餘時間發布新 iMac、iPad 及 Apple Watch 等產品。由於其產品的理念是將產品設計及效能最大化及互相協調，故推出的新產品，不論在視覺體驗及操作效能方面均十分出色，加上配備不對其他手機品牌開放的 iOS 系統，成為吸引用戶的關鍵。故此，蘋果電腦憑藉其卓越的產品，成功吸引全球用戶逐漸變成「果粉」，能夠不斷取得新用戶，故自 iPhone 由 2007 年推出以來，銷售量大部份時間都錄得正增長。

當越來越多用戶成為「果粉」後，一方面願意在兩至三年後需要更新手機時，繼續使用手機，另一方面是隨著使用 iPhone 的時間越久，對該產品的滿意度及熟練度也不斷提升，願意接受使用蘋果電腦其他產品，例如 MacBook 筆記本電腦、iPad 等，或透過 App Store 購買更多應用程式及服務，這都對蘋果電腦的營業額帶來潛在的增長。

雖然市場仍有由 Google 推出的 Android 操作系統，以及其他手機品牌，但由於「果粉」已習慣使用 iOS 操作系統，要「轉會」使用 Android 操作系統的手機，以及將手機資料備份轉移也相當複雜，容易感到不習慣，故此「轉會」帶來的學習成本大幅上升，即使有 Android 操作系統及其他手機廠商競爭及供用戶選擇，但事實上轉用 Android 手機的「果粉」並不多，這反映出使用蘋果電腦產品的用戶忠誠度高。

最後，競爭對手要仿照蘋果電腦的生意模式，極為困難。因為公司是「軟硬自研一體化」的企業，如果對 iPhone 所使用的晶片及零件有研究的話，可以發現 iPhone 最核心的中央處理器（CPU）晶片是蘋果電腦自行研發，近年更加入更多自研晶片，例如保安晶片，無線通訊晶片等，甚至未來連 5G 網絡晶片都改為自研，加上其 iOS 操作系統並不開放，要自行建立一套新的操作系統，以及引入不同的應用程式，將極為困難。曾經一度成為全球第二大手機出貨量的中國公司華為，希望繞過美國禁令，自行推出新操作系統「鴻蒙」（Harmony OS），最終也無法在市場上競爭，自 2021 年起已跌出手機出貨量前五的位置。

這都反映出蘋果電腦「軟硬自研一體化」的理念及其設計的產品，具有「深度護城河」的核心競爭優勢。以下這些我們耳熟能詳的企業，究竟坐擁怎

樣的優勢？

至於微軟，自 CEO 納德拉走馬上任後，將「周身刀，無張利」的微軟實行大幅改革，確立「雲端」路線圖，主打 Office 軟件、企業雲端管理及遊戲 Xbox 訂閱收費。更簡明的收費及持續更新，以及強調重視私隱原則，令這些服務備受企業 IT 部門青睞，而遊戲業務則成為 Sony 的強大競爭對手。結果收入持續增長，成為僅次於蘋果電腦，排全美市值第二大的美國上市企業。

可樂 & 迪士尼　鐵粉多吸金力強大

可口可樂備受市場推崇的也就是可口可樂本身，其獨特口味持續受市場歡迎，百年不減。也為公司帶來大量收入及利潤。可口可樂也籍其主要業務帶來的現金流，開拓不同的新業務，以接觸更多消費者。例如低糖及無糖可樂，以打造健康的印象吸引注重健康的消費者，並在 2015 年購入怪物飲料（Monster Beverage, NASDAQ：MNST），進入運動飲料市場，至今持有近兩成股份。

或有投資者質疑：可口可樂也有其長期的競爭對手百事可樂（NASDAQ：PEP），產品及業務模式相似，為何前者也具有護城河？原因是整個碳酸飲料市場，已幾乎被可口可樂及百事可樂佔據，新競爭者即使研發新口味可樂，但消費者已被可口可樂及百事可樂的品牌形象深入民心，難被取代，除非出現全球性的品質及公關問題。這代表兩家公司在碳酸飲料市場是「躺賺」，取得源源不絕的現金流，並有足夠的財務實力向其他業務拓展，例如無糖飲品及能量飲品市場，以求不斷取得新的消費者擴大業務規模及

利潤。

至於新近進軍串流領域的迪士尼（NYSE：DIS），擁有多項膾炙人口的作品版權及工作室，包括新電影每次上畫都能獲得市場注意的漫威（Marvel）、星球大戰（Star-War）系列、Pixar，以及傳統的動畫等。其龐大的版權組合，令迪士尼推出各項產品時都能瞬間吸引擁躉粉絲的注意，也反映其吸金能力強大。同時，龐大的影迷也代表可以將不同的版權角色授權予各個商品之中，由禮品到手機遊戲到商場裝飾等，都令企業帶來穩定的收入，也賦予公司持續的現金流入，收購更多版權。例如近年買入 20 世紀福克斯（Fox），也令主打改編漫畫及動畫電影的迪士尼，進入更多元的電影市場。

Visa 壟斷支付系統市場

中國以外的非現金支付系統，基本上由 Visa、Mastercard（NYSE：MA）及美國運通（NYSE：AXP）三大機構壟斷。中國銀聯或許可以籍中國中產階級興起及外出旅遊而逐步增加影響力，但新冠肺炎令其海外拓展希望幻滅。支付機構會繼續因各國經濟增長、中產階級爆發及外遊等因素，而令成交額持續增加，尤其東南亞等國及印度等，更成為未來的增長引擎。三大支付機構中，「股神」巴菲特長期持有美國運通，成為其資產組合中重要的「現金牛」之一。

從吃的麥當勞（NYSE：MCD）、可口可樂、每天使用的 iPhone、Facebook、上班用的微軟軟件、Adobe（NASDAQ：ADBE）的 Photoshop 及 PDF 檔案、運動時的波鞋品牌 Nike、Under Amour（NYSE：UA）及瑜伽褲品牌 Lululemon（NASDAQ：LULU）、每次刷信用卡會用到的 Visa、萬事達（NYSE：MA），你的生活圈子其實比想像中更貼近美股。

由此可見，不論蘋果電腦公司也好，可口可樂也好，具深度護城河並非要壟斷整個市場，而是在某個可以擴展至全球的市場中佔據重要的位置，且難以被動搖，才是深度護城河及核心競爭優勢的重點。只要企業取得核心競爭優勢，業務就能穩定增長，同時能夠給予企業穩定的現金流，公司的財務實越趨穩健，從而有更多資金做研發或併購拓展新業務，以取得更大及更難以超越的競爭優勢，或以相對較低的風險在新業務上尋求突破，從而實現更快的業務增長，為股東帶來回報。

商業模式：燒錢搶客 vs 持續現金流入

在 2020 年美國疫情初期，美國聯邦儲備局為應對市場極端動盪，史無前例地「打光所有子彈」，推出大規模量化寬鬆措施，而財政部也向民眾「派錢」應對封城。美元無限濫發致股票雞犬齊升，很多增長股都有倍數升幅，集中投資科技股及增長股的 Cathie Woods 更被一眾散戶追捧股壇名人。

不過，美元無限濫發致通脹大幅抽升，緊接而來就是快速加息壓抑通脹，市場也遭遇浩劫。部份上市公司由高位計，短短數月就跌超過九成！如果投資者有留意，這些「升得高，跌得急」的科技股股票，它們的業績大部份是依靠「燒錢」堆積而來，即是利用龐大的補貼及優惠，去換取更多的用戶使用其服務，並希望從中留住用戶，從而令營業額提升。

不過，有些公司的營銷開支增長率比營業額增長還要高，每季公布的業績都見到資金流走的情形。在宏觀經濟緊縮下，這種類似用錢買用戶，或燒錢搶生意的營運模式，容易引起資金周轉問題，投資者傾向減持這類公司避險，故股價出現重大跌幅。

對比擁有簡單及穩定的商業模式，例如蘋果電腦以銷售 iPhone 為主，可口可樂以銷售飲品為主，或藥廠主要賣藥為主，容易被投資者理解，持貨能力也會比較強。另一方面，如果公司業務已上軌道，擁有核心競爭優勢，並持續維持現金流入，即使經濟轉差，企業的財務實力仍能不斷增強，甚至能夠逆市併購壯大業務的話，也會獲得投資者的歡迎。

畢竟，良好的商業營運模式、相對穩定的業績及現金流入以提升財務穩定

性，以及在逆市擴張策略，都反映企業能夠在不同市況下，繼續保持競爭優勢，甚至可以拉開競爭對手的差距，未來公司增長更有潛力，股價回報會更穩定，這都是吸引投資者長期持有的原因。

精準市場定位 只問利潤不爭「世一」

再以蘋果電腦為例，在調查機構的報告中，近年蘋果手機的出貨量從來未試過排名第一，這個「寶座」一直都是三星（Samsung）的位置，甚至有一段時間更被華為超越，排名跌至第三。不過這些數據從來無損公司成為全球最賺錢的手機公司，以及全球市值最高的上市公司之一。

據第三方調查機構 Counterpoint 數據顯示，iPhone 於 2021 年第二季度全球手機市場的佔有率約佔 13%，但收入卻佔超過四成，利潤更佔當中的 75%。可以見到，iPhone 市場定位的優越，雖然其手機的市佔率不到 15%，也不是銷售量最高的手機廠商，但使用 iPhone 的用戶往往願意付更高的價格購買，也不介意讓蘋果電腦賺更高的利潤。

相比之下，很多 Android 手機廠商為爭取規模，以壓低手機零件的平均售價，再以低價策略嘗試爭奪市場，就算在一時推出受市場歡迎的手機，但礙於盈利不足，往往無法再投資研發新技術，結果很多廠商都只併湊各個零件零件，及被逼採用 Google 提供的手機操作程式，以致大部份的手機廠商外觀功能相若，沒有獨特的設計或高新科技給用戶，便有「千城一面」之感，最終又回到價格戰，競爭實力越來越弱。

反之，蘋果電腦透過精準的市場定位，主攻高階市場，有多的零件，則以

63

超值美股有績可尋

舊款式手機及 iPhone SE 系列，以相對低廉的價格吸引中階市場使用。蘋果電腦從銷售 iPhone 中取得大量現金流，也同時累積大量高消費用戶，對其 App Store 購買應用程式及商品的業務也持續增長，成為蘋果另一增長潛力。巨額的現金流入，也讓蘋果可以有更多資金研發，或在其他方面發展，例如市場傳聞的智能 AR 眼鏡，電腦新晶片 M1，以及具自動導航的電動車等，都容許科學家及工程師能夠在資源充足的情況下不斷試錯，從而研發出更受用戶歡迎的新產品。

由此可見，雖然蘋果電腦沒有在規模及市佔率上爭先恐後，但成功及精準的市場定位，令產品能夠在全球大賣，公司亦有充裕的資金研發新產品。進一步拋離其他競爭對手，壯大公司實力。我相信，股神巴菲特也是觀察到其穩定的現金流，以及逐步拋離競爭對手的能力。而不惜大手買入這定公司。

64

2.2 純利增長率 研判公司賺錢能力

要掌握價值投資,首先就要知道一家公司的價值。問題是:如何才能知道潛在目標公司的價值呢?公司的業績報告,則可以讓投資者做參考。

有趣的是,很多投資者相信自己能夠輕易地在茫茫股海中找到「十倍股」,但一看業績報告中的損益表、資產負債表等便面露難色,難以理解這些密密麻麻的數字到底代表甚麼意思。試問如果投資者不認識潛在投資公司的歷史,不知其核心競爭力及業務增長速度,又怎能夠面對市場波動仍能從容面對,繼續持有甚至繼續趁低吸納,最終得到十倍回報?

沒有經驗的投資者,見到公司業績及年報,往往不知如何入手。不過有經驗的投資者可能短短數分鐘,就能掌握一切與其投資理念有關的重要數據及資訊。個人建議,欠缺經驗的投資者,仍應該慢慢把目標公司的業績由頭到尾看一次,以及把這家公司之前數年的業績都細閱一次,以掌握業績報告的結構及重點,以及公司過去幾年的發展情況。熟能生巧,看得越多業績報表,以後理解公司的財務及經營狀況也就越快。

盈利水平增 業務越做越大

如果讀者想先食「快餐」,則可首先留意業績報表中,公司在損益表中的

公布的純利數字，這是我其中一個非常看重的數據。

不論港股還是美股，一家公司的損益表中，都會由營業額開始排列好，然後是減去出售產品或服務成本，成為毛利（Gross Profit），然後再減去公司內部的開支，包括銷、行政、研發等成本，得出經營溢利（Operating Profit），最後減去利息及稅收，以及少數股東的利潤後，就是公司的純利（Net Profit），又稱為淨收入（Net Income）。

換言之，純利代表一家公司過去一段時間（可以一季、半年或全年）的賺錢能力。一家企業的賺錢能力越高，其價值也越大，因為投資者希望他們投資的項目，規模不斷增加，盈利水平持續提升，公司的現金水平逐步豐盈，代表這個項目的業務越來越大，未來給予投資者的回報會越來越高，所以也更值錢。在股市中，「值錢」則反映在每次派息的增長，以及上市公司的股價上。所以，只要能夠捕捉到純利能夠不斷增長的企業，然後持之有恒長期投資，就能獲取回報，這也是價值投資中「讓更精明的企業管理層為你賺錢」的道理。

近 5 年純利 計算增長率

不過，我們必須留意，業績報告中的純利是「過去式」，它只反映報告期間的財務狀況，而一般業績公布日子與其反映報告期，一般都有約一個月的時間。換言之，除了在業績公布後，或者會令市場驚喜或失望，而令股價造成短期波動外，僅觀察單一時期的純利數據，似乎對判斷企業是否持續穩定增長，並沒有幫助。

於是，我們不能只觀察最近期的純利數據，還需要看過去幾個季度甚至年度的純利數據，並估算其增長速度，才能對潛在目標公司的價值作一個更準確的預估，也就是純利增長率（Net Income Growth Rate）。

純利增長率 =（年度純利 - 前一年度純利）÷ 前一年度純利

顯然而見，該增長率越高，代表企業過去一年不論在營運規模及效率上都有增長，更重要的是純利高速增長，對投資者來說，有機會得到更高的股息以及企業價值，都會令股票以更高的估值進行交易。

然而，僅觀察過去一年的純利增長率，數據會十分波動。原因是部份企業具行業周期，在順周期時純利增長會較快，但在逆周期時則有機會出現純利倒退。同時，企業盈利也會受到當地經濟，甚至環球經濟變化影響。例如在 2020 年出現的疫情，令多國需要「封城」管控，結果令大部份企業在一段時間內無法做生意，利潤與去年比較，自然會下跌。

所以，投資者在使用純利增長率時，必須注意不能只計算過去一年就當做「交功課」，一般來說是要利用過去 5 年的純利，來去計算當中的累積平均增長率（Cumulative Average Growth Rate, CAGR）。以上述 5 年的 CAGR 為例：

5 年 CAGR =5 √（年度純利 - 5 年前純利）÷ 5 年前純利

同時，如果遇到像 2020 年的疫情，則需要剔除有關數據，或須對相關數據作出調整。原因是除個別航空公司及旅遊公司以外，一般而言，疫情並不會長期影響公司業務。如果納入計算，則有機會在該年低估了企業純利增長率。

市盈增長率反映估值高低

投資大師林奇（Peter Lynch）對純利增長率的使用推崇備至，更令市盈增長率（PE Growth Rate, PEG）發揚光大。簡單而言，PEG 的計算方法，就是在將市盈率（PE）除純利增長率：

PEG = 市盈率 ÷ 去年純利增長率 *100

如果一家公司市盈率是 20，而其去年純利增長率是 10%，那麼這家公司的 PEG 為 2；若一家公司的市盈率是 15，而其去年純利增長率是 30%，那麼這家公司的 PEG 則是 0.5。

可以見到，如果 PEG 大過 1，代表公司的市盈率比純利增長率高，反映估值過高；如果 PEG 小於 1，則代表純利增長率高過公司的市盈率，反映估值被市場低估，故此可值得留意。而林奇著作《選股戰略》（One Up on Wall Street: How to Use What You Already Know to Make Money in the Market）指出，如果一家公司的 PEG 只有 0.5，他會毫不考慮進場，逢低買入股票；反之，如果一家公司的 PEG 達到 2，他情願帶家人去拉斯維加斯度假，開心地花掉這筆錢，也不會傻到買進這家公司的股票。

在美股，一般來說，如果是增長股的話，過去可以選擇一些每年純利增長率超過 30% 的股票，價值股純利增長率則在 15% 之間。不過，在 2022 年環球加息致經濟增長放緩，也有機會影響企業盈利，故此也需要酌量調低比例，仃如增長股純利按年增長約 15% 也可以接受等，從而篩查出在逆市中表現仍優於市場的個股，再進行投資。

2.3 現金流量表
見企業穩健度

如果說價值投資新手比較關注企業的損益表（Profit and Loss Statement），以及當中的純利及純利增長率等數據，進階的價值投資者，則會更關注現金流量表（Cash Flow Statement）的數據。

損益表反映的是一家公司的賺錢能力，經過歷年的理財教育後，大部份投資者都會關注純利的變化，所以企業高管也會盡量令這個數字有更高的操作性，例如在經濟倒退時，將更多資產減值（write off），或將更多的收入延後入賬等，令收入減少，純利下降。

待經濟回暖，公司延後的收入開始計算，而上一財政年度因減值導致純利下降的情況，不會在這個財政年度出現，這都令純利大幅增加，從而令市場認為公司營運得到重大改善，估值也大幅提升，推動股價。屆時，企業進行其他資本操作，例如配股或發新股收購其他業務時，都會更容易獲得通過。但事實上，公司的業務可能沒有任何變化，只是進行了一些「先輸後贏」的會計手段，就可以影響兩個財政年度的純利，致純利增長率盡在企業高管的掌握之中。

經營、投資、財務現金流

故此，除了觀察純利增長率外，現金流量表也相當重要。與損益表的展示方式略有分別，其重點是在報告期內的現金流入與流出的數字，當中分為經營現金流（Operation Cash Flow）、投資現金流（Investment Cash Flow）及財務現金流（Financial Cash Flow）。

其中，經營現金流是一家企業透過營運業務導致企業現金的變化，例如一家麵包店，有客人用 10 元買了一個腸仔包，代表這家麵包店的營運現金流入增加了 10 元；如果麵包店用 50 元買麵粉及腸仔，那麼其經營現金流出是 50 元，總經營現金流則出現 40 元的淨流出。如果麵包店跟供應商說好，在下一個報告期內才付這 50 元，那麼，在這個報告期內，則沒有出現經營現金流出，經營現金流為 10 元淨流入。

投資現金流反映的是公司對自己的業務進行投資，例如購買一塊地所付的首期，則會令企業的投資現金流有流出情況。如果出售資產，則會令投資現金流有現金流入。至於財務現金流，則與企業進行財務或資本運作有關的現金變動，例如向銀行貸款、向公開市場配售新股等，都會被視為財務現金流流入的情況；償還貸款或進行股票回購等，則會視為財務現金流流出。

圖表 2.1 蘋果電腦 2018 年至 2022 年之現金流

金額：億美元

	2018	2019	2020	2021	2022
期初現金結餘	202.89	25,9.13	502.24	397.89	359.29
經營現金流	774.34	69,3.91	806.74	1,040.38	1,221.51
投資現金流	160.66	45,8.96	-42.89	-145.45	-223.54
財務現金流	-878.76	-90,9.76	-868.20	-933.53	-1,107.49
現金之增加（減少）	5.624	243.11	-104.35	-3.860	-109.52
期末現金結餘	259.13	502.24	397.89	359.29	249.77

資料來源：蘋果電腦財務報表

分析經營現金流最為重要

如果一家企業的現金流是正數，代表公司的現金持續流入，公司的財務狀況較為穩健。不過，如果仔細研究這三項現金流，若發現經營現金流為負數，而投資現金流或財務現金流為正數，則反映公司的業務並不穩定，可能是企業發展新業務需要投放大量資金用作推廣宣傳及聘請員工，致現金大量流失，或其業務開始衰退，收入倒退，但成本難以減少，也會導致營運現金流有淨流失現象。雖然公司可以透過出售資產或向銀行貸款，而令公司現金流維持正數，但可想而知，前者或以折扣價出售，令公司價值出現損失；後者則會加重公司的經營槓桿及利息開支，若其經營的業務無法改善，都只是「續命」的方法，而不是為投資者提升價值。

所以，對一般投資者而言，了解經營現金流的數字最為重要。與純利相比，經營現金流在顯示公司產生現金和利潤的潛力方面更加透明。了解公司的

經營現金流變化，可以令投資者了解企業在報告期內到底有多少透過生意而賺取的現金「入袋」。一般來說，在成熟企業中，其增長速度與純利的增長速度大致相同。

故此，一旦出現較為明顯的差別，投資者則需要細心研究當中的原因，例如是否改動某些會計項目如加快一些資產的折舊，是否有一些非經營性項目入賬，例如出售資產或業務，或將一些資產減值甚至報廢等，就容易發現管理層有否刻意在業績報告中做粉飾，在評估企業價值時就要做相應的調整，避免進入管理層有意舞高弄低股價的圈套之中。

2.4 從 EBITDA 及 EV 看企業價值

個別固定資產較高的行業，例如電訊、電力、航運及其他公用行業，在公布業績時會傾向同時發布一項稱為是「除息稅折舊攤銷前利潤」的數據，英文簡稱 EBITDA（Earnings Before Interest, Taxes Depreciation and Amortization）。

一般來說，這些行業的特點是需要巨額的固定資產，才能具營運規模。例如電訊公司需要大量的電訊塔、機樓、光纖電纜等，才能為一個城市提供電訊服務；同樣，電力公司也需要建造一個城市供電網絡，才能向用戶收月費賺錢。當這些公司需要大量資金建造它們的「生財工具」時，不免要向銀行借錢，故此利息開支也比較高；而當公司投入巨額資金建設，落成後也會有較高額的折舊。

由於純利會扣除利息開支及折舊等成本，有些公司的管理層認為，純利無法完全反映公司的賺錢能力，如扣除利息、稅項、折舊及攤銷等成本，所以 EBITDA 可以給投資者更直觀的數據，讓他們更了解公司的賺錢的能力。尤其是，折舊和攤銷都是非現金成本，兼容易利用會計制度修改，EBITDA 由於除去了折舊攤銷的估算，所以免卻上述的問題。

不過也有人認為，由於 EBITDA 去除了折舊攤銷成本，那就意味企業的固定資產投資，例如興建廠房、購買設備等都無需成本，容易令管理層為提升 EBITDA 數字，有更大的動機非理性地增加固定資產投資，希望擴大規模增加收入及「執靚」EBITDA，而忽視企業營運效率及現金水平。

企業價值計反映收購所需成本

另一個較多管理層及分析員使用的數據是企業價值（Enterprise Value, EV）。企業價值相當於購買一家企業所需的成本，相當於企業的總市值，減去企業持有的現金（與購買企業的成本互相抵銷），再加上公司現有的貸款額度（購買企業相當於連公司的債務也一併納入）。企業價值除了在收購潛在目標時可以當作一個參考數據外，管理層及分析員也多使用一種估值方法：EV / EBITDA。

EV / EBITDA 與市盈率（PE）類似，不過分子由企業市值改為企業價值，而分母則由企業純利改成 EBITDA。由於 EV 相當於一個財團購入一家公司所需的成本，EV / EBITDA 反映這家公司的賺錢能力，相當於用多少年時間，才能將收購價完全抵銷。

與 PE 比較，EBITDA 的好處在於沒有剔除稅項及利息，故此可以比較不同稅收地區及不同資本結構的同業。同時，EBITDA 也沒有減去折舊及攤銷等非現金項目，直接反映公司獲取現金的能力，所以其估值會較 PE 更佳。最後，是 EBITDA 一般較企業利潤高，如果公司錄得虧損，PE 就無法計算，但如果公司的 EBITDA 仍然是正數，也可以利用 EV / EBITDA 與其他同業公司的估值進行比較。

網站助查公司 EV / EBITDA

然而，EV / EBITDA 不是每家證券商應用程式都會自動顯示的數據，而且不論 EV 還是 EBITDA，如果上市公司在業績報表中不提供這些數據，投資者自行計算則費時失事。好在也有一些網站提供這些數據，供投資者比較不同公司的估值。其中之一，是 www.koyfin.com。

成為網站的會員後，就可以使用其個股功能。用戶可以在網站上方的搜尋一欄上，先尋找目標股票，例如蘋果電腦。以下會示範操作。

圖 2.2 Koyfin 搜尋介面

資料來源：koyfin

網站顯示蘋果電腦股票，並要求用戶填寫下一個指令。然後用戶可以填寫 EV / EBITDA，會出現以下畫面：

圖 2.3 於 Koyfin 搜尋蘋果電腦的 EV/EBITDA

資料來源： koyfin

圖 2.4 Koyfin 以圖表顯示蘋果電腦之 EV/EBITDA

資料來源： koyfin

網站分別提供過去 12 個月（Last Twelve Months, LTM）及未來 12 個月（Next Twelve Month, NTM）的選擇。其中，過去 12 個月即使用歷史數據而得出的 EV / EBITDA 估算值，而未來 12 個月則使用大行分析員所作出的業績估算而得出的 EV / EBITDA 數字。前者基於歷史數據，故估算較為真實，然而有投資者認為，股價並非反映歷史數據，故會選擇使用未來 12 個月的選項，但由於使用估算數據，EV / EBITDA 並非準確，當企業公布業績時，如果其數據與分析員的預估有較大落差，也會導致估算有較大的差異。

故此，投資者則可以按需要，選擇合適的 EV / EBITDA 作為參考及評估同業公司的估值高低之用。

2.5 檢視管理層是否做實事

巴菲特的價值投資,與他如何尋找及信任人材也有極大關係。在巴菲特《給股東的信》(*Shareholder Letters*)中,他每次都會花一定的篇幅,感謝他的投資團隊,協助他管理巴郡各種業務的職業經理人,以及願意出售業務的創辦人。在 1994 年的信中更寫道道:「我們喜歡的生意必須具有長久的競爭優勢,並且由有才幹並能以股東利益為導向的經理人所管理。」反映他看重公司管理層的品質和能力。

由此可見,「股神」的投資理念中,如何觀察及發掘優秀的廿管理人才,以及對他們長期信任,並預期他們努力工作比巴菲特親自管理生意,可以給予更多回報,都是關鍵之一。

然而,巴菲特擁有數千億美元市值的投資旗艦,以及全球知名,加上巴郡主力投資的公司,不是取得全權控制或擁有絕大部份權益,就是取得一定的股權比例,令被投資的公司內部高管及投資者關係都會花更多時間與巴郡及其投資經理交流,或會令巴菲特得到更多公司內部及市場資訊。一般投資者顯然不可能得到同等待遇,但可以如何拉近兩者的差距呢?

一個簡單的方法自然是「抄功課」,可以選擇直接買入巴郡的股票,或根據巴郡每季公布其投資組合的持股變動,去仿建類似的組合,就可以獲得與

「股神」相若的回報。另一個方法，就是學習其觀察及發掘優秀的管理人才。

正如一齣影片如果有當紅的明星參與演出，甚至「擔正」，其票房就會有一定保證一樣。如果一家企業由專業及優秀的職業管理人或公司創辦人營運，這家企業的運作理應越來越暢順，賺錢能力也越來越高，投資者理應就如，可以長期持有及信任這些高管，安枕無憂。

喬布斯救亡成蘋果電腦神話

同樣以蘋果電腦作為例子。創辦人喬布斯（Steve Jobs）初期推出多款蘋果電腦，部份型號受到市場歡迎，一度能夠與微軟分庭抗禮。不過 80 年代微軟與英特爾（Intel, NASDAQ：INTC）結盟，戰勝蘋果電腦及 IBM（NYSE：IBM）等競爭對手。面對強敵，蘋果電腦的未來路向也出現分化，最終喬布斯被董事會趕走，辭退董事長一職。

離開蘋果電腦後，喬布斯先後創立 Next 電腦公司，以及向製作《星球大戰》系列的盧卡斯影業收購其動畫業務，成立 Pixar 動畫工作室。其中，後者得到迪士尼賞識，並與 Pixar 簽訂 3D 製作協議，於 1995 年推出的《反斗奇兵》成為公司的知名作品。Pixar 更於 2006 年被迪士尼收購，喬布斯取得迪士尼約 7.6% 股份，成為單一最大股東及董事會成員。

至於 Next 電腦公司雖然業務平平，但卻成為喬布斯重回蘋果電腦的契機。於 1996 年，蘋果電腦仍未「翻身」，其電腦的市場佔有率更由最風光的16% 跌至 4%，加上公司開發電腦操作系統遇上困難，最終選擇收購 Next電腦公司，而喬布斯也再次回歸蘋果電腦，成為臨時行政總裁。

回到蘋果電腦後，喬布斯接連為救亡而出謀獻策。首先與微軟結束多年的專利爭議，並讓當時財雄勢大的微軟注資 1.5 億美元，換取蘋果電腦無投票權的股份，從還有 90 天就會破產的蘋果電腦挽救過來。另一方面他大幅削減不合理的產品研發，並強調產品的外觀設計，集中開發 iMac 及 Mac OS X 操作系統。1997 年，蘋果電腦推出創新的半透明外殼設計，並有多種顏色供用戶選購，結果在美國及日本大賣，令蘋果電腦完全度過公司的財政危機，而喬布斯也正式成為蘋果電腦的 CEO。

其後蘋果電腦陸續推出新產品，例如 2001 年推出 iPod，2007 年推出 iPhone，2008 年推出 MacBook Air，2010 年推出 iPad 等，令蘋果電腦的關注度及銷售量不斷上升，最終成為美股市值最高的上市公司。

一個成功的人，即使人生有高低，甚至要變換跑道，最終也能夠將自己創立的公司做得有聲有色。擁有如此燦爛的履歷，理應是所有投資者必須注意的人材。

核心管理層離任 可拖累股價

故此，投資者準備投資下一家潛在目標時，除了關注企業的業績及財務質素外，也要特別關注管理層的履歷及相關的行業經驗。尤其是，如果一名富經驗，在行業中地位崇高的管理層突然離職，也會對股價造成影響。

Block（前稱 Square, NYSE：SQ）是一家創新科技金融公司，讓中小企業可容易地接受客戶線上或實體店內的信用卡支付，並提供一站式收據、訂單及餐飲管理、預約及行銷活動分析等服務。

Block 的財務總監（CFO）Sarah Friar 於 2018 年 10 月離職，並到社交網絡公司 Nextdoor 擔任 CEO，消息公布後，Block 在盤後交易中下跌 10.4%，正式開市後更一度跌超過 15%，反映市場對 Sarah Friar 離職感到擔憂。

在當日 Block 的聲明中，創辦人多爾西（Jack Dorsey）將 Friar 描述為：「引導公司進行首次公開募股，並幫助建立了一個不斷擴展的企業生態系統的重要人物。她讓我們建立了一種企業家精神和紀律的文化。她是一位了不起的領導者、合作夥伴和朋友，我們感謝她為 Square 所做的一切。」也反映了創辦人對她的重視程度。

事實上，Sarah Friar 為 Block 成立後的「老臣子」，協助公司於 2015 年上市，並建設「不斷增長、未來可擴張的業務生態」作為公司的發展主調，同時負責公司融資事宜，可見她在公司角色極為重要。即使 Amrita Ahuja 於 2019 年 1 月加 Block 並擔任新 CFO，分析師和投資者仍然抱持懷疑態度。足足經歷一年有餘的時間才重獲投資者的信心，可見管理層絕對是否投資一間公司是十分重要的條件。

2.6 判斷增長股優劣的法則

自從美國出現疫情,美國聯邦儲備局宣布「無限放水」令股債齊升。很多未有盈利的科技股,也得益於美聯儲不斷「放水」及壓低利率而大幅擴展,部份更成為市場焦點,股價急升。

不過,這些科技股及增長股都未有盈利,無法使用市盈率(PE),而大部份科技股都是輕資產公司,例如軟件設計,或租用數據中心提供軟件即服務(SaaS)業務,EV / EBITDA 也不好使用,個別公司甚至因為在「燒錢」推廣,有機會連 EBITDA 也見負數。到底這些公司如何去評核其估值呢?

有人提出一個估值方法，稱之為「四十法則」（Rule of 40），作為判斷上述的科網公司或增長股的業務是否健康的方式。該法則主要依靠營業額增長率（Revenue Growth Margin）及經營利潤增長率（Profit Margin）來計算。公式如下：

營業額增長率 + 經營利潤增長率 ≥ 40%

四十法則認為，一家公司的營業額增長率及經營利潤增長率總計超過 40% 的話，便預期在下一年度能夠維持高速增長，而估值也可以保持在高水平，從而令股價持續上升。

事實上，在 2020 年至 2021 年期間，很多與 SaaS 概念相關的公司都達到四十法則的標準。這類行業的特點是，雖然應用程式的功能非常容易被其他競爭對手模仿，不過大部份用戶卻不願意額外再花時間比較不同應用程式的分別，也擔心轉用新公司的服務，需要再花一段時間學習。除非這些軟件有嚴重問題，而營運商切遲遲未有改動，致其他競爭對手已搶先推出新版程式，令客戶迫於無奈「轉會」，否則一般而言，只要客戶接受這套軟件後，都不會隨意轉用其他同類型軟件，未來即使加價也會接受。

這類 SaaS 明白客戶的思維，於是盡力地在前期為客戶提供優惠甚至免費試用，待客戶開始習慣並依賴這些服務後，才逐步開始收費，蝕頭賺尾。在業績報告中，就會出現收入因客戶快速增加增長迅速，但由於「燒錢」提供巨額優惠營運，銷售開支及推廣宣傳等分銷開支更大幅上升，結果有機會加劇經營虧損。不過，只要留得住客戶，並接受逐步加價，這類 SaaS 公司就能夠建立廣泛及長期的收費客戶群，財務實力會越來越雄厚。

四十法則 適用於牛市估值指標

四十法則就是在這背景下，衡量公司的增長速度以及「燒錢」速度的關係。假如一家公司 A 過去一年收入有超過 100% 的增長，那麼即使經營利潤出現 60% 的倒退，在四十法則的理念下，這一家公司仍是具有增長潛力，原因是公司仍在發展初期，透過「燒錢」提高業務增長，其後生意規模增大，再控制成本增長，經營利潤就能負變正，為股東帶來回報。

同樣道理，假如一家公司 B 過去一年收入僅得 20% 增長，但經營利潤同樣增加 20%，在四十法則下也是一家具投資潛力的公司。公司已即將上軌道，無須持續燒錢，於是經營利潤與收入有同步增長，並達到兩者加總有 40% 的要求。

然而，四十法則也有其問題。重點之一，是四十法則似乎是「牛市估值指標」之一，即是在股市暢旺時才能使用該法則，以判斷哪家公司有更佳的增長潛力。然而，在熊市之中，市場更關注公司的自由現金流及償付能力，燒錢搶生意只會令公司的現金儲備越來越低，隨時無法度過經濟寒冬而須被迫結業倒閉。於是，這些收入增長迅速，但虧損速度更快的高增長型公司，雖然達到四十法則的指標，但過去兩年中股價都出現大跌，個別股票跌幅更高達八成至九成以上。所以，四十法則須慎用。

第二個問題，是四十法則設計過度簡單，只看一家公司兩組數據就決定其投資潛力。在上述的 A 公司及 B 公司，如果只用四十法則篩選方法的結果，兩家公司都可以成為投資者的目標。但如果投資者沒有仔細觀察 A 公司及

B 公司的收入增長及經營溢利的變化，就不會知道 A 公司在高速發展階段的燒錢增長型股票，而 B 公司則是穩定增長型股票。

但僅收入及經營利潤增長 20%，就能決定某一公司是穩定增長型嗎？其實不能！如果一家 C 公司，收入由 1,000 萬美元，增長 20% 至 1,200 萬美元，而經營虧損則由 1 億美元，減少 20% 至虧損 8,000 萬美元。投資者會發現，雖然這家公司達成四十法則的條件，但公司的資金流出金額仍然非常巨大，出現經營風險甚至倒閉的風險仍相當高。對價值型投資者來說，絕對不是一個合理的選擇！

判斷屬於牛市或熊市

最後，是在會計制度中，一般而言損益表較為容易被操控，例如加快將部份未來獲取的收益計算在本期之中，就能夠將收入增長進行「良性處理」，或將一些可以折舊攤銷的成本拉長時間入賬，就可以降低成本開支，美化營運溢利。部份企業在成本增長速度高於收入的情況下，高管甚至有更大的動機將部份用作宣傳推廣的成本，直接用於購買公司的產品或服務上，這樣可以更快拉動收入，更易達到四十法則的要求。

故此，在利用四十法則時，首先要判斷市場環境，是屬於牛市抑或熊市，如果大市氣氛傾向良好時才使用，其後也須與同業進行比較，觀察同業的收入增長率以及成本結構是否相若，避免個別公司管理層為了個人或公司利益而美化數據。投資者也可以將四十法則用作最初步篩選潛在目標的用途上，其後再使用其他基本面指標，例如經營現金流變化及應收賬變化等作判斷，會更為安全。

2.7 免費網站
助篩選好公司

當投資者掌握了多種上市公司的估值方法後，希望用在美股中，往往就發現一個大問題：美國有太多上市公司了。事實上，美股有超過 8,000 家上市公司，如果每一家公司都要獨立進行各種財務分析及估值，相信對有其他工作在身的一般散戶投資者，是莫大的挑戰。

不過，有一些網站則為投資者帶來福音，例如 finviz，相當於美股的「選股器」，只要輸入投資者設定的財務比例，就能在芸芸股海中，為投資者篩選出最合乎要求的個股，大大縮短尋找目標個股的時間。

以下是運用 finviz 選股步驟：

1. finviz 網站首頁會顯示道瓊斯工業平均指數、納斯達克指數及標準普爾定 500 指數美股三大指數圖表走勢、美股熱度圖、個別股票的短線操作訊號及即時新聞等功能，對希望取得更多交易數據的投資者來說，可謂相當友善。

圖表 2.5 finviz 首頁

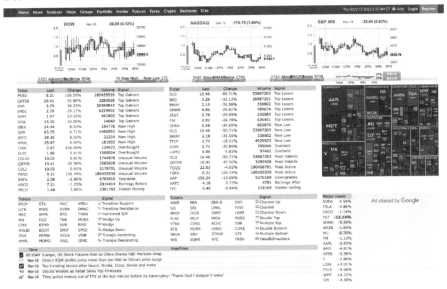

資料來源：finviz

需要留認的是，finviz 的語言是英文，目前不支援中文介面。雖然投資者可以利用「Google 翻譯」等擴充工具將網站介面轉為中文，但一些美股股票縮寫也會翻譯成中文，同樣會為投資者帶來不便。故此，投資美股也應稍為學習英文及從英文網站獲取更「貼地」的資訊。

網站首頁上部有一列分類表，我們可以選擇「篩選器」（Screener）進行選股。

圖表 2.6 finviz 篩選器頁面

No.	Ticker	Company	Sector	Industry	Country	Market Cap	P/E	Price	Change	Volume
1	A	Agilent Technologies, Inc.	Healthcare	Diagnostics & Research	USA	42.96B	33.56	147.12	-0.59%	1,476,720
2	AA	Alcoa Corporation	Basic Materials	Aluminum	USA	7.92B	-	48.67	-1.10%	7,662,522
3	AAAU	Goldman Sachs Physical Gold ETF	Financial	Exchange Traded Fund	USA	-	-	17.60	-0.23%	2,226,718
4	AAC	Ares Acquisition Corporation	Financial	Shell Companies	USA	1.25B	38.42	9.99	-0.10%	3,156
5	AACG	ATA Creativity Global	Consumer Defensive	Education & Training Services	China	54.25M	-	1.68	-1.75%	2,612
6	AACI	Armada Acquisition Corp. I	Financial	Shell Companies	USA	206.44M	-	9.98	0.18%	687
7	AACIW	Armada Acquisition Corp. I	Financial	Shell Companies	USA	-	-	0.03	-3.86%	32,402
8	AADI	Aadi Bioscience, Inc.	Healthcare	Biotechnology	USA	282.83M	-	13.21	-1.49%	82,253
9	AADR	AdvisorShares Dorsey Wright ADR ETF	Financial	Exchange Traded Fund	USA	-	-	48.18	-1.65%	532
10	AAIC	Arlington Asset Investment Corp.	Real Estate	REIT - Mortgage	USA	89.54M	-	3.12	0.00%	76,602
11	AAL	American Airlines Group Inc.	Industrials	Airlines	USA	9.19B	-	14.09	-3.56%	28,778,707
12	AAME	Atlantic American Corporation	Financial	Insurance - Life	USA	61.91M	26.78	3.08	4.05%	634
13	AAN	The Aaron's Company, Inc.	Industrials	Rental & Leasing Services	USA	302.06M	20.16	10.16	-5.58%	315,550
14	AAOI	Applied Optoelectronics, Inc.	Technology	Semiconductors	USA	58.05M	-	2.15	-8.51%	249,748
15	AAON	AAON, Inc.	Industrials	Building Products & Equipment	USA	4.30B	63.91	80.27	0.04%	252,747
16	AAP	Advance Auto Parts, Inc.	Consumer Cyclical	Specialty Retail	USA	9.25B	18.13	156.24	-15.08%	5,370,109
17	AAPD	Direxion Daily AAPL Bear 1X Shares	Financial	Exchange Traded Fund	USA	-	-	26.64	0.70%	165,901
18	AAPL	Apple Inc.	Technology	Consumer Electronics	USA	2322.22B	24.38	148.79	-0.83%	64,104,780
19	AAPU	Direxion Daily AAPL Bull 1.5X Shares	Financial	Exchange Traded Fund	USA	-	-	20.84	-1.19%	57,060
20	AAQC	Accelerate Acquisition Corp.	Financial	Shell Companies	USA	400.40M	-	10.01	0.00%	183,278

資料來源： finviz

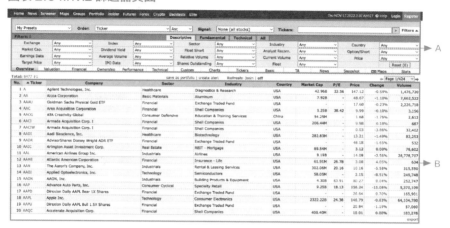

2. 進入 Screener 後，我們會見到兩個表，上面是各種的基本面、技術面及一般描述的欄目（圖表 2.3 標示 A），供投資者輸入參數，而下表則顯示當投資者輸入參數後系統篩選出來的目標股票名稱，以及其股價表現（圖表 2.3 標示 B）。

我們選擇 All（全部），就可以一次過觀察網站可供投資者改動的參數的總額。（見圖表 2.4）

圖表 2.7 finviz 可供投資者選擇的參數

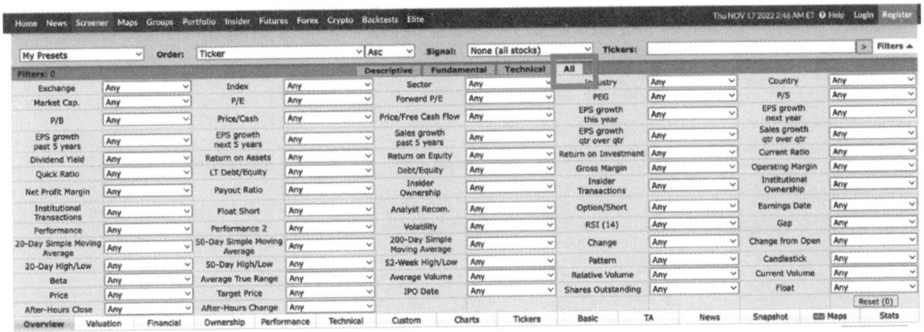

資料來源：finviz

3. 然後我們可以設定一些財務指標，執筆時為 2022 年 11 月中旬，我在篩
選選的行業（Industry）中選擇「互聯網內容及資訊」（internet content
and information），在此板塊中找毛利率高、負債低兼持續盈利的公司，
當中的參數包括「毛利率（Gross Margin）高於 40%」、「負債與股東
權益比（LT Debt / Equity）低於 0.5」、「公司過去五年的營收與 EPS
（EPS growth past 5 years）持續成長」以及「未來公司五年 EPS 估計（EPS
growth next 5 years）會持續成長」。圖表 2.5 是根據上述條件，得出 8
間符合要求的上市公司。

圖表 2.8 按毛利率高、負債低兼持續盈利的條件得出的上市公司

No.	Ticker	Company	Sector	Industry	Country	▼Market Cap	P/E	Price	Change	Volume
1	GOOGL	Alphabet Inc.	Communication Services	Internet Content & Information	USA	1248.07B	20.26	98.85	0.42%	29,040,800
2	NTES	NetEase, Inc.	Communication Services	Internet Content & Information	China	45.05B	18.98	71.33	-0.38%	3,581,585
3	SSTK	Shutterstock, Inc.	Communication Services	Internet Content & Information	USA	1.84B	22.62	52.91	-5.62%	305,917
4	CARG	CarGurus, Inc.	Communication Services	Internet Content & Information	USA	1.58B	-	13.97	-3.92%	1,989,685
5	SOHU	Sohu.com Limited	Communication Services	Internet Content & Information	China	495.00M	19.20	13.92	-2.25%	81,482
6	TRVG	trivago N.V.	Communication Services	Internet Content & Information	Germany	416.56M	-	1.23	-3.15%	196,961
7	GAIA	Gaia, Inc.	Communication Services	Internet Content & Information	USA	55.77M	195.00	2.73	-2.50%	16,244
8	IZEA	IZEA Worldwide, Inc.	Communication Services	Internet Content & Information	USA	41.21M	-	0.65	-2.25%	192,051

Filters: fa_eps5years:pos fa_estltgrowth:pos fa_grossmargin:o40 fa_ltdebteq:u0.5 ind:interne...

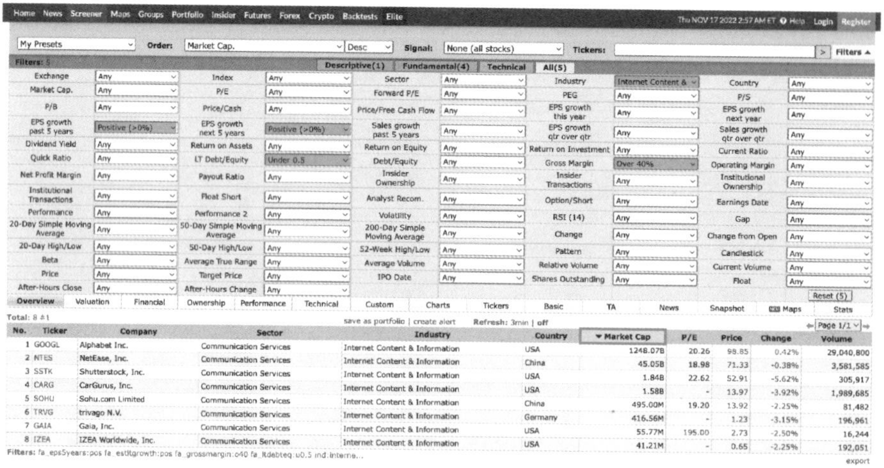

資料來源： finviz

投資者也可以按市值、股價變動、成交量等參數，由大至小或由小至大排列。下圖演示中，我們透過「市值」（Market Cap）一欄由大至小排列，頭五家上市公司分別為 Google（NASDQ ： GOOGL）、網易（NASDQ ： NTES）、圖片素材供應商 Shutterstock（NTSE ： SSTK）、汽車交易網站 CarGurus（NASDQ：CARG）及搜狐（NASDQ：SOHU）。（見圖表 2.5 方框示）。

從我設定的搜尋條件中，可見我是找出前景向好的公司。我於 2022 年 7 月中旬曾在此網站用相同條件搜尋，當時得出 12 間上司公司符合條件，Meta 當時以 4,754 億美元市值排榜首，Google 排行第二、市值為 744 億美元，不足半年，Meta 由一間備受看好的公司，到跌出榜外，執筆時的 2022 年 11 月，Meta 的未來公司五年 EPS 估計更未有結果顯示（見圖表 2.6 方框示），也許是反映市場對這間昔日社交網絡王者的前景並不樂觀。

Index	S&P 500	P/E	10.80	EPS (ttm)	10.49	Insider Own	0.55%	Shs Outstand	2.69B	Perf Week	11.59%
Market Cap	297.18B	Forward P/E	14.50	EPS next Y	7.81	Insider Trans	-0.64%	Shs Float	3.24B	Perf Month	-14.74%
Income	28.83B	PEG		EPS next Q	2.26	Inst Own	76.20%	Short Float / Ratio	1.58% / 0.82	Perf Quarter	-35.17%
Sales	118.11B	P/S	2.52	EPS this Y	36.40%	Inst Trans	-0.51%	Short Interest	35.33M	Perf Half Y	-41.10%
Book/sh	46.27	P/B	2.45	EPS next Y	-14.96%	ROA	17.00%	Target Price	154.89	Perf Year	-66.98%
Cash/sh	15.92	P/C	7.11	EPS next 5Y	-	ROE	23.20%	52W Range	88.09 - 353.83	Perf YTD	-66.34%
Dividend	-	P/FCF	11.29	EPS past 5Y	31.60%	ROI	31.00%	52W High	-68.00%	Beta	1.16
Dividend %	-	Quick Ratio	2.60	Sales past 5Y	33.70%	Gross Margin	80.30%	52W Low	28.54%	ATR	6.52
Employees	87314	Current Ratio	2.60	Sales Q/Q	-4.50%	Oper. Margin	29.70%	RSI (14)	48.54	Volatility	5.03% 4.72%
Optionable	Yes	Debt/Eq	0.08	EPS Q/Q	-49.10%	Profit Margin	24.40%	Rel Volume	0.77	Prev Close	117.08
Shortable	Yes	LT Debt/Eq	0.08	Earnings	Oct 26 AMC	Payout	0.00%	Avg Volume	43.06M	Price	113.23
Recom	2.30	SMA20	3.01%	SMA50	-12.46%	SMA200	-35.74%	Volume	33,219,294	Change	-3.29%

（註：截圖日期為 2022 年 11 月 16 日） 資料來源：finviz

投資者可以利用 finviz 這個篩選器，就能快速篩選出目標股票，可以短時間內大幅縮窄選股範圍，省卻不少尋覓股票的時間。

靠選股器作初選 再研究個股業績

finviz 除了有出色的選股器系統外，也設有個股熱度地圖，市值越大的個股佔據範圍越大。如個股下跌，佔據範圍會變成紅色，跌幅越多，顏色越深；如個股上升，佔據範圍會變成綠色，升幅越多，顏色也越深，不同股份的表現一目瞭然。故此在一些社交網站上，會見到一些意見領袖（KOLs）將個股熱度地圖發布。同時，該網站也提供一些期貨、外匯及加密貨幣的市場數據供用戶參考。

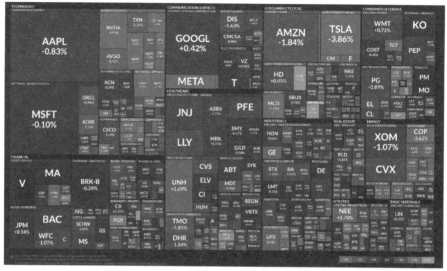

（註：截圖日期為 2022 年 11 月 17 日） 資料來源：finviz

雖然 finviz 功能齊全及數據視覺化表現較為優秀，但值得留意的是，網上選股器並沒有責任確保其數據的真確性，以及會及時更新其財務數據。正如之前的章節曾經提及，美國上市公司會公布季度業績，而個股走勢容易受業績數據與市場預期差異而出現大幅波動，但 finviz 未有提及會使用最近期的季度業績數據，抑或只選用年度業績作為參考。

另一個問題是，上市公司的財務年度月份或有不同。例如蘋果電腦電腦的年結是 9 月，而微軟的年結是 3 月。半年的經濟變化可以風起雲湧，例如在 2020 年 3 月 Covid-19 開始對美國造成嚴重衝擊，微軟的年度報告在 3 月底完成，未必會及時反映疫情的影響，但蘋果電腦因為 9 月才完成其財務年度，故有約半年時間受疫情的影響，故在財務數據上也會有較顯著的變化。這都需要投資者完成初步篩選後，開始深入研究個股時必須留意的地方。

★ ★ ★ 第三章 ★ ★ ★

我不買 Tesla!
財技股不宜長揸

3.1 Tesla 市值高企 靠產品還是靠財技？

說到增長股的，不少人都會想到更年潮興的電動車，甚至會成為未來取代傳統燃油汽車，而在電動車當中，又以馬斯克（Elon Musk）的著名電動車公司 Tesla 為表表者，認為品牌是由他「一手一腳」創辦，最終令他成為全球首富。媒體也不遺餘力地將馬斯克描繪成「鋼鐵人」一樣，讓外界以為 Tesla 及其他由他控制的公司，開發意念及核心技術都是由他設計及研發，加上他近年出位的言行，由吹捧加密貨幣，到 2022 年下半年入主社交平台 Twitter，不是讓他成為報章財經版人物。這樣的人物包裝雖然容易讓讀者理解馬斯克的成就，但對投資者來說，則有機會被誇大的資訊影響投資決策。從公司業務架構，以至馬斯克的管理作風，Tesla 都不會成為我投資組合之內。以下會以 Tesla 做例子，找出為何一些有高市值及高股價的公司，未必值得長線投資的原因。

Tesla 並非由馬斯克創辦

Tesla 誕生時有一個初創團隊，而馬斯克只是作為「金主」的身份，成為前期投資者，不斷對 Tesla 增資取得股權，期間他是否主力參與研發，而非搞「財技」，外人根本難以得知。但翻查馬斯克商界歷史，他每次入主公司後，都會令引起管理層出現明顯變動，甚至發動「逼宮」，而最終往

往會由他成功佔據公取的控制權。Tesla 在 2003 年由馬克‧塔彭寧（Marc Tarpenning）及馬丁‧艾伯哈德（Martin Eberhard）成立，位於美國加州的 Palo Alto，舉世聞名的矽谷所在地。至於大眾熟悉的馬斯克，是作為 Tesla A 輪投資者身份在 2004 年成為董事長。

成為董事長後，馬斯克似乎有意逐步將原有團隊撬走。作為初創公司的 Tesla，資金及人才均缺乏下，故集中研究如何利用電池作為動力，並與英國蓮花（Lotus）合作，使用對方提供的汽車底盤，減少研發開支及加快產品推出時間。結果，據《福布斯》報道，在 2006 年 7 月，即 Tesla 創立 3 年後，當時的 CEO 艾伯哈德已能夠在發布會中，展示公司設計、以電池驅動的雙座位跑車，在 Lotus Elise 汽車的底盤，裝有 7,000 個微型鋰離子電池。

不過，在翌年艾伯哈德就被趕出 Tesla。2009 年他更起訴馬斯克誹謗，最後以庭外和解的方式解決。《福布斯》引述他的苦況：「由於與 Tesla 簽訂具限制性的知識產權協議，我大約有一年的時間都沒有工作。」而馬斯克則在 2020 年一次訪問中，直指艾伯哈德為「實際上是我共事過的最糟糕的人。」

產品發佈前趕走其他創辦人

至於另一創辦人塔彭寧，則先後在 Tesla 擔任財務總監及副總裁等職位，但最終在 2008 年也被趕走。結果，馬斯克在 2008 年 11 月才成為 Tesla 的第四任 CEO，而首部電動車 Roadster 則在同年開始發售，翌年再發布 Model S，令外界以為馬斯克是 Roadster 及 Tesla 首部汽車的研發者。事

實上，研究汽車需要大量時間累積技術及專利，往往花費數以年計的時間才能成功，不過馬斯克在 Tesla 即將量產首部汽車前，將其他創辦人趕走，有獨攬功勞之嫌疑。

Tesla 在 2017 年到 2019 年間遭遇瓶頸，Model 3 的產能一直難以提升，達到規模化生產。當時馬斯克告知投資者，因為自動化生產系統和電池工廠相繼出狀況，使得公司處在「生產和物流地獄」，馬斯克更透露公司曾距離破產僅 1 個月。他於 2020 年還承認曾經向蘋果電腦的 CEO 庫克，以當時市值的 10％、即約 600 億美元出售 Tesla，卻被庫克拒絕。

雖然蘋果電腦公司早在 2015 年有意生產電動車，但實在無必要投放金錢買下 Tesla，原因是買一間於當時準備破產的公司，要兼顧事情太多，並非只有表面上的數字或前景，另外以庫克的謹慎及務實作風，並不需要以收購 Tesla 一博或造勢，這個買賣對庫克有如雞肋，但對馬斯克則非常有利，不但可以起死回生，而且短期能令股價攀升，長期則能吸盡蘋果粉的大市場，可想而知馬斯克是機關算盡。

不斷拼購推高市值

上述就是一些 Tesla 的歷史，可以想像馬斯克是一個極富冒險精神的創業者，但是你會見到 Tesla 在成長過程上有太多財技，不斷地透過合併及收購，從而令到市值幾何級數向上，但是當中的風險是極大。

如上述，如果真的能夠解決 Tesla 在能源上的突破，是無可厚非。2016 年 Tesla 曾收購美國最大太陽能公司 SolarCity，可惜項目收購回來後，發現

相關技術是不能應用在 Tesla 上，這個問題是不會在收購後才發覺到的，但風險卻要由投資者買單的。馬斯克之後不斷重復此伎倆，常用出口術包括「唔嫁又嫁」收購 Twitter、大力吹捧加密貨幣等。

而且翻查一些資料馬斯克絕對是一個大花筒，而公司 CFO 不能控制他如何使用公司的現金流，這也是個問題，管理層 CEO、CFO、COO，各司其職，分工合作才可帶領一家上市公司不斷成長。相反，過度用錢，令公司現金流長期不足，這也是極其危險的情況。

3.2 環保理念
還需看發電源頭

Tesla 電動車推出至今,即使連沒有駕駛旗下任何車款的大眾,印象最深刻的是其汽車只用電力推動,不會排放廢氣,也不會對附近環境構成任何空氣污染,這也是不少電動車標榜的地方。然而,一部行走時不排放廢氣的汽車,是否就能反映其具環保的特質?

電動車不排廢氣,這是事實。然而,到底電動車所使用的電力,又從哪裡來?以香港為例,主要依靠天然氣及大亞灣核電廠的核能發電,這兩種能源並非可再生能源,而後者更會產生具放射性的核廢料,對環境的影響超過數千年以上,極不環保。

將廢氣由汽車轉移至發電廠

個別國家甚至連煤炭發電仍未淘汰,但 Tesla 為了業績增長及支撐高市值,仍然將其生產電動車運到當地發售。那麼,Tesla 電動車獲取電力的途徑,與傳統的燃油汽車相比,還有沒有環保優勢?其實,假如一個國家或一座城市所的可再生能源只佔極少比例,Tesla 電動車的排放量其實傳統燃油車相若,甚至更高。故此,電動車的出現只是將廢氣由汽車轉移至發電廠中,「更環保」的論述只是人們「眼不見為淨」的謬誤。

另外，Tesla 及馬斯克一直避而不談的，是充電池的儲電時的能源轉換效能。電動車廠商一直批評，傳統燃油車的能量轉換效能只有約四成，而電動車的電機的轉換效能則高達八至九成，故此聲稱擁有更長的續航距離以及更廉價的汽車充電費用，更有效率運動能源。然而，這是基於事實陳述，還是僅選擇性地披露對電動車公司有利的資訊？

傳統燃油車的轉換效能約四成，這是由汽油直接轉換成動能所產生的效能。電動車的電機效能雖然高達九成，遠高於傳統燃油車，但它的電由哪裡來？其實大部份都是由燒煤或燒油而來，而一般發燃煤或燃油電機組，所產生的電能效率，也同樣介乎四成至四成半左右。

電動車效能不及傳統燃油車

眾所周知，充電池儲電及放電時，都會因電阻而令部份能量轉化成熱能。當發電廠產生電力後，還要經過各種大小輸電網及變壓器，才會到達電動車的充電樁中，當中的能源損耗佔已輸出的電力約一成，而由充電樁的交流電經變壓器轉直流電，也會進一步出現能源損耗，會再扣減約 5% 至 10% 的電能，而電力進入電動車的充電池時，仍會再出現約 15% 的電力損失。

如果考慮上述幾項因素，電動車的能量轉換效能，可以透過以下公司計算：

（1*0.4）*（1-0.1）*（1-0.1）*（1-0.15）= 27.54%

可以見到，電動車由燃料開始轉化至汽車動能的轉換效能僅得 27.5%，遠差於傳統的燃油車約四成。為何電動車的效益更差，卻能有更長的續航能

力？主要原因並非引擎問題，而是電動車廠為了應付車主對充電樁缺乏及容易爆滿而產生的「里程焦慮」，故此將更多的鋰電池放在車盤上，從而令電動車可以存放更多電力，因為令每次充電後的航程可以更遠。

據能源分析機構 Engaged Tracking 資料裡顯示，英國汽車每年平均行駛里程數為 7,800 英里（約 12,400 公里），平均碳排放量為 1.5 噸，而 Tesla Model S 的碳排放量則與燃油車相同。

這同樣說明，電動車所謂的「環保」，似乎與強而有力的宣傳，以及人們以偏概全的想法，認為只要汽車不排廢氣，就能為環保作一分貢獻。他們卻不知道，遠離我們的非傳統能源發電機，正日以繼夜地向地球大氣打進更多二氧化碳。使用電動車的司機，你們仍是全球暖化持續上升的幫凶！

更重要的是，電動車採用完全不同的動力來源，當中對環境的破壞也有極大分別。傳統燃油汽車所用的能源是石油，現時的鑽油技術發展成熟，由地下抽取原油，對環境影響並非嚴重。然而，充電池所用到的鋰礦及稀土金屬遠遠高於傳統燃油氣車。

製造鋰電池　大自然埋單

電動車熱銷，對鋰電池的需求也越來越高，相關材料如鋰、鈷、鎳等金屬價格急速上升，也越來越吸引採礦商的興趣大肆開發。對於鋰礦採集，使用鹽沼提取鋰的方法相對便宜和快速。研究機構 Visual Capitalist 估計，硬岩開採成本可能高達 4,000 萬美元，耗時長達 4 年；鹽灘開發階段只要 1,000 萬美元，耗時也較短、只有一至兩年。

不過，鹽沼提取卻會直接影響水資源與環境，而主要開採國家澳洲及智利，又是地球上相對乾旱的地方。鹽沼提取需要將富含鋰、鈉、鎂的溶解鹽由地下的鹽灘地泵到地面，再流入蒸發池蒸發好幾個月，收集鉀、錳、硼、鋰鹽等混合物後，再進行過濾與碳酸鈉處理，才得到碳酸鋰。平均每提取一噸鋰，就需要大約 190 萬公升水，嚴重破壞周圍的生態，並影響著當地民生用水，例如智利阿他加馬省就被鋰礦消耗其 65% 的水。同時，鋰礦的有毒化學品也有可能會泄漏到供水系統中，對當地居民構成健康風險。

電動車雖然引領行業革命，但必須小心看待，尤其是 Tesla 過度營銷自己產品的環保概念，容易令市場給予更高的估值。不過，隨著越來越多實證說明電動車與傳統燃油車對環境的影響相差不遠，並沒有令世界變得更環保，甚至有加州大學洛杉磯分校的學者更直指出：一輛電動車在生產過程消耗的能源，為一輛傳統汽車的三倍至四倍，都反映電動車根本不能與環保或綠化拉上任何關係。

Tesla 被剔出標普 ESG 指數

2022 年 5 月，Tesla 更被標準普爾剔除「環境、社會及管治」（ESG）成份指數「標普 500 ESG 指數」。標普指出，Tesla 缺乏「如何降低碳排強度」與「因應監管風險」的策略，並沒有參考氣候變遷相關財務揭露建議（TCFD）針對未來企業可能面臨的「氣候重大風險與機會」做説明，以及缺乏商業行為準則，可見 Tesla 對環境保護並沒有重點關注。事件或會令一些專門投資高 ESG 分數的基金撤離投資 Tesla，也有一些投資者認識 Tesla 等電動車公司無助改善環境，與其投資理念不符，也會在投資組合中作出調動，減低持有 Tesla 的佔比，最終也會影響 Tesla 的估值。

3.3 Tesla 核心競爭力正被取代？

在上一章中，我重點提及要做價值投資，必須先了解一家公司的核心競爭力，即是利用企業本身的技術或品牌優勢，令客戶持續「課金」消費，例如蘋果電腦透過自身研發的晶片及 iOS 系統，令其效能大幅跑贏其他競爭對手，得到消費者的認同；而微軟則透過其 Office 軟件及雲服務的訂閱制度，令企業客戶「忠誠地」持續課金，以提升企業生產力，這都是企業所具備的核心競爭力。

然而，到底 Tesla 又有甚麼核心競爭力？一般大眾都會提出，Tesla 有能力生產極高質素的電動車，不論在外型及效能上都跑贏其他電動車，甚至有能力與傳統車廠售價過百萬元的超級跑車媲美，這不就是核心競爭力嗎？

在認識 Tesla 是否具備核心競爭力前，我們可以先去了解電動車的構造，再看看這些是否如蘋果電腦的手機、或微軟的 Office 般難以代替，不假外求。

電動車的架構與主要由以下五種系統組成：

➊ 動力系統：電源轉換器、驅動馬達、控制器、傳動系統

➋ 車身系統：輪框、扣件、LED 燈、散熱組件、音響等

➌ 車電系統：自動駕駛系統、中控系統以及車用娛樂系統

➍ 電池系統：位於電動車底盤，包含了正負極材料，電池組結構件

➎ 充電系統：由充電樁、電源線、充電槍、電源零組件

圖表 3.1 一般電動車結構

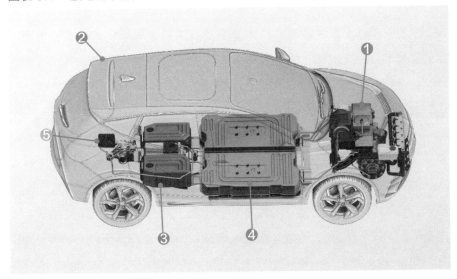

Tesla 早在 2014 年 6 月，就向全球開放其擁有的專利。據其官網披露，至今一共在全球取得 361 個專利，當中最大的部份是與電動車開動的過程中，避免電池過熱而起火，以及利用較大的電流快速充電而電動車內的電池不會過熱等技術，也就是說，Tesla 的專利及其研發的專長，在於如何避免電池在巨大電流下變得過熱，甚至自燃，從而可以令多個充電柒綑綁在一起，成為安裝在電動車底盤上的電池組，讓電動車有充足的動能及航程。

另一方面，是 Tesla 設計的自動駕駛系統 Autopilot，能夠自動泊車，甚至可以按路面情況切線、閃避障礙物，以及自動演算兩地的最佳路線並自動行走。

可以見到，Tesla 專注控制電動車發熱及解決自動導航兩大問題。然而，這些都算是 Tesla 的核心競爭力嗎？

競爭對手從後追趕電池技術

事實上，隨著科技不斷進步，中國的電動車產品所配備的電池，也足以完成一般車主每日甚至每周的路程所需，甚至成為 Tesla 的供應鏈之一，比亞迪（1211）自行研發的「刀片電池」，加上政府實行大規模補貼，令他的新能源汽車，在 2022 年銷售量迅速增長；於深圳掛牌上市的寧德時代（深 300750）鋰充電產品，也成功打入 Tesla 的供應鏈，成為 Model 3 的充電池供應商之一。而 Tesla 與日本松下 （Panasonic）合作研發的新型電池「4680」，則只會在高階型號的 Model S 及 Model X 採用。

換言之，目前中國的電動車技術，已開始逐步追貼 Tesla 的低階大眾化型號。同時，中國政府也鼓勵大力發展電動車業務，供應鏈像十年前的智能手機一樣，開始逐步成型，以取代一直未有突破的汽油引擎致性能不足，難以出口外銷的窘境。故此，未來國內的電動汽車廠商，以低廉價格及足夠車主使用的續航距離，有機會對 Tesla 的 Model 3 量產策略構成衝擊。

至於自動駕駛，雖然 Tesla 技術仍然超前其他競爭對手，但不代表能夠完全讓汽車自動駕駛而無須司機在危急關頭作出應變，而且社會大眾普遍對自動駕駛有更高的要求，一旦自動駕駛出現任何意外，都有機會令監管機構限制其使用場景。結果得物無所用，並給予時間讓競爭對手追貼技術差距。故此，兩項技術目前而言，仍算不上具備核心競爭力。

由於 Tesla 只集中研發控熱及自動駕駛技術，其他製造汽車的零件及工序，均需要供應商的協助。由車軌到底盤，再到鑄壓汽車成形的技術等等，都會應用到不同的供應商產品。例如 Tesla 用的電機來自浙江省台州市的信質電機（深：002664），公司早在 2014 年收購當時 Tesla 唯一的電機供應商台灣富田電機約兩成股份，並達成戰略合作，當信質電機的產品達到富田電機的要求，且生產成本更低時，富田電機同意優先購買其酉機定轉子，從而打進 Tesla 的供應鏈中。至於 Model S 的中控台上裝上 17 寸大屏，硬件也是依靠大陸公司均勝電子（滬：600699），可見其他廠商要採用這些零部件，也非難以獲取，故此其專利技術是否具備核心競爭力，我深感懷疑。

超級供應鏈非專利

不過，無可否認，Tesla 目前仍是最成功及市值最高的車企，原因在於 Tesla 的核心競爭力不在技術累積，也並非單純依賴其專利技術及創辦人馬斯克的個人魅力，而是對供應鏈及造車工序有深刻仔細的改進。

Tesla 的成功，不單是有能力組裝一架電動車，其部份性能更可提升至與售價高達數百萬港元的超級跑車相若，而售價只是相當於一款歐系中型房車，價格約 50 萬至 100 萬港元，令車主覺得物有所值。

另一個重要原因，是 Tesla 及馬斯克花極大的時間處理物流、供應鏈及生產問題，甚至經歷多次「生產地獄」及一度面臨破產，也要在美國興建超大型的 Gigafactory。因為當廠房落成，設備經調試後，Tesla 電動車產量就可以最大化，能夠大幅壓低造車成本，加上出色的性能，賺錢取得現金流就不是問題。

基於 Tesla 汽車出色的性能，公司也打破汽車業另一個常態，就是單一型號汽車的銷量打破紀錄。公司至今僅推出四款車型，其中 Roadster 仍未量產，但可以一季賣出數十萬輛 Model 3，數萬輛 Model S 及 Model X，對比其他車廠每季賣數萬輛汽車已算成功下，Model 3 擁有比對手更極致的規模效應，所以 Gigafactory 基本上只要應付龐大的 Model 3 訂單，即可完成 Tesla 扭虧為盈的任務，同時也可以令每輛 Model 3 的成本降低，令售價更接近傳統入門級的汽車，從而逐步蠶食傳統車廠的市場佔有率，最終取代他們。

然而，這套操作流程也非獲得專利許可，亦非極高科技難以實行。當 Tesla 落戶上海，並開始利用內地的供應鏈時，也會令其他同業及競爭對手參考仿效，只要內地電動車廠打響知名度後，需求大幅增加。就能同樣建成類似 Gigafactory 車廠，不斷降低成本。其他傳統車廠也非任由 Tesla 宰割，除了推出電動車外，也進一步研究燃料電池（fuel cell）在汽車的發展及使用。

對比鋰電池，燃料電池擁有更高的航程，以及更環保（利用氫氣作為燃料，排放物為水蒸氣），同時佔車的比例低，可以直接更換，避過電動車需時充電的缺點，故部份車廠視其為下一代汽車燃料。一旦普及，將會又是一場汽車革命。

所以，以 Tesla 目前的位置來看，短期內可以透過 Gigafactory 車廠規模化營運及「馬斯克光環」提高需求，但以此作為公司的核心競爭力，並不理想。一旦技術上及營運上被其他競爭對手追貼，並以更低的價格進行競爭，Tesla 電動車的銷量增長放緩，對公司的利潤甚至估值，都有機會帶來深遠的負面影響。

3.4 掌舵人高調宣傳用意何在？

「如何釐訂上市公司的估值」是每名價值投資者必須考慮的問題，一旦在估值過高的情況買入，上市公司其後有機會出現明顯的估值調整，導致股價大跌。即使投資者預期股票投資或須承受股價短期波動，但長期股價低於買入價，或股價跌幅超過投資者的心理預期，都容易影響投資者決策，例如過早出售股票，在低位出售股票等，最終無得嚐到長期持有股票，讓財富逐步增長的好處。

所以，價值投資者在選擇潛在目標時，除了選擇業務及現金流均具穩定增長潛力的股票外，亦須留意股票的估值，是否在一個合理偏低的水平，股價日後的波動率減少，並有更高的潛在上升空間，會更容易讓投資者買入後長期持有。

產能僅 55% 距滿產仍有距離

然而，在 Tesla 而言，過高的估值卻讓價值投資無從入手。以 2022 年 7 月 20 日計，公司當日的股價為 742.5 美元，對應市值為 7,751 億美元。當日 Tesla 公布其 2022 年度第二季度業績，具體營運數據如下：

Model S / Model X 銷售量：16,162 輛（按年增長 7.53 倍）

Model 3 / Model Y 銷售量：238,533 輛（按年增長 20%）

電動車年設計產能：約 190 萬輛，其中 Model S / Model X 年產能 10 萬輛。

收入：169.34 億美元（按年增長 42%）

毛利：42.34 億美元（按年增長 47%）

經調整利潤：26.2 億美元（按年增長 62%）

過去 12 個月總利潤：113.28 億美元

根據以上數據，可以見到 Tesla 電動車產能最高達到 190 萬輛，即每季最多可以生產 47.5 萬輛電動車，其中 Model S / Model X 每季可生產約 2.5 萬輛，而目前即使有大量訂單積壓，但生產效率只有約 55%，距離滿產仍有一段距離。

而以目前的建廠進度，即使能夠 100% 滿產，每年生產近 200 萬輛電動車，但以目前全球汽車銷量高達 9,000 萬輛計，Tesla 的市場佔有率僅超過 2%，雖然在電動車市場屬於「老大哥」，兼取得較高的利潤，但在整個汽車市場而言，其實並非主要廠商。

需提高產能產量　方可維持高市值

過去 12 個月 Tesla 取得 113.28 億美元的經調整利潤，而 2022 年第二季

度經調整利潤更按年增加62%，雖然增長速度甚高，但對比當日高達7,751億美元的市值，其過去 12 個月市盈率（Trailing Twelve Month PE）仍然高達 68.4 倍。如果以投資大師林奇的市盈增長率（PEG）計算其估值，仍有少量高估的情況，而且在高達接近 70 倍的市盈率下，若整個美國經濟出現問題，或 Tesla 生產或供應鏈出現問題，導致電動車產量及銷量不及預期，都容易令股價出現較大幅度的下跌。

反之，除非 Tesla 大幅提高生產效能，並持續興建廠房增加產量，同時 Tesla 出產的電動車仍然受到市場歡迎，令公司的收入及利潤均可以維持高增長，才能維持其高估值及股價。

作為比較，美國主要的汽車生產商福特汽車（NYSE ： F），在 2022 年第二季度的營運表現如下：

汽車銷量：103.2 萬輛 （按年增長 35%）

收入：379 億美元 （按年增長 50%）

經調整利潤：27.49 億美元 （按年增長 4.2 倍）

可以見到，福特汽車的銷量比 Tesla 高 4 倍，收入亦比 Tesla 高出約 1.2 倍，這反映福特汽車的產品平均售價，比 Tesla 電動車低，造成銷量差距比收入差距更闊。眾所周知，Tesla 的電動車售價一般較同級的汽車為高，而福特汽車也會生產價格更為便宜親民的低階汽車，從而取得更高的銷量及市場佔有率，但會稍為犧牲毛利率及利潤。

所以，據福特汽車指，其 2022 年第二季度的汽車市場佔有率約 5.3%，一

季過百萬汽車銷售量，也遠遠拋離 Tesla。至於經調整利潤方面，福特汽車於該季度有約 27.49 億美元，稍微高於 Tesla，但按年增長 4.2 倍，增長速度則大幅度跑贏 Tesla。

行銷神話造就高市值

單憑市場規模、收入、經調整利潤及其增長速度等數據，福特汽車似乎都比 Tesla 優秀。然而，福特汽車於 2022 年 7 月 20 日的股價為 12.58 美元，市值僅得 506 億美元，不到 Tesla 的十分之一。而其過去 12 個月市盈率也僅得 5.34 倍，估值同樣不到 Tesla 的十分之一。

圖表 3.2 Tesla 與福特汽車 2021 年至 2022 年股價走勢

（註：股價截至 2022 年 9 月底）資料來源：Yahoo Finance

造成兩家汽車生產商的估值出現如此巨大的差別，其中之一是 Tesla 對其產品及股價均有強大及有效的行銷方案，加上馬斯克在其他業務上的成功，例如 SpaceX 等，均令消費者及股民都願意相信其增長「神話」，為他的產品買單。結果，Tesla 的電動車有越來越多的訂單，支撐其收入及利潤增長，進一步推高 Tesla 的估值。

另一方面，馬斯克也是說故事的高手，在不同的平台宣傳 Tesla 的未來發展。例如 Tesla 曾經在發布會中，先後推出其他新型號，包括早在 2017年底已公布的「新一代超級跑車」Roadster，並率先徵收預訂費用 5 萬美元，結果至今超過 5 年，仍未有推出時間表，繼續成為「PPT 超級跑車」，但 Tesla 取得眾多消費者 5 萬美元的預訂費用後，則可成功取得大量免息現金，解決其資金周轉問題，甚至是破產危機。

圖表 3.3 Tesla 跑車 Roadster

資料來源：Tesla 官網

同樣的「PPT 產品」還有電動卡車 Cybertruck，以及電動貨櫃車 Tesla Semi。一般公司如果出現產品延期交付，往往會導致投資者拋售股票，離場抗議，但 Tesla 則以高收入及盈利增長安撫投資者，令他們對這些交付期一推再推甚至沒有新消息的產品充滿期待，並認為這些產品是 Tesla 未

來的業務增長重點，從而獲得更高的估值。

新產品供預訂　以獲取「免息貸款」

未來 Tesla 或會公布其「人型機器人」Optimus 的具體細節，甚至推出樣本機器，但以馬斯克及 Tesla 的一貫的做法，這些新產品距離推出應該仍有數年時間，期間應同樣會收取消費者高昂的預訂費用，以幫補 Tesla 業務擴充大計。

由此可見，馬斯克及 Tesla 一直在進行「市值管理」的操作，推出眾多新產品來吸引消費者「預訂」，這些資金有如獲取無限期的「免息貸款」進行業務擴充，加上持續的宣傳及公關工作，吸引散戶投資者的持續關注，從而推高其估值。雖然公司業務增長仍然迅速，但長期維持高估值則甚具難度，而且當馬斯克及 Tesla 完成其財務需要後，就更沒有誘因持續花時間及成本繼續進行「市值管理」，估值有機會降低，導致即使業務持續增長，但股價升幅卻沒有跟隨。對投資者來說，則有機會無法分享企業持續增長帶來的成果。

故此，對價值投資者來說，Tesla 業務增長迅速，業務也漸上軌道，現金流也漸趨穩定增長，但其估值過高，則是令追求穩定的投資者感到不安的原因之一。同時，馬斯克經常孤注一擲的性格，即使 Tesla 業務開始穩定，也有機會斥巨資開拓新業務，又一次將 Tesla 置入風險之中，這也是 Tesla 難以吸引價值投資者的另一原因。

3.5 財技操作出神入化

綜合前文，相信價值投資的朋友，基本上已不會對核心競爭力不足，卻依靠受大量散戶追捧支撐其高估值的 Tesla。不過，如果讀者以局外人（Outsider）身份去觀察馬斯克的行為，卻可以發現他有很多出神入化的財技操作，甚至他所有對外的自我宣傳，都是為其財技作出鋪排！

作為價值投資者，馬斯克跳脫及多次突破傳統的做法，令 Tesla 難以成為傳統價值拋資的目標股票，其股價的波動率也遠遠高於其他相近市值的科網企業，反映長期及機構投資者參與度不高，主要由更情緒化的投機者及散戶持股。然而，讀者如有興趣研究他的創富之路，分析他的行徑，可能對如何實行「自我創富」有更多得著。

入主 PayPal 管理能力受質疑

傳媒一直指馬斯克創辦 PayPal 並成為公司聯合創辦人，後來被 eBay 收購，成功令他賺到第一桶金，也成為其後「創辦」Tesla 及發展電動車的資金。但事實上，他並非 PayPal 的創辦人，而是創辦 PayPal 的競爭對手 X.com。

馬斯克創辦 X.com 後，就像早年內地「預約叫車」應用程式滴滴出行及快的之間「補貼大戰」一樣，為爭搶客戶，兩家分別被騰訊（0700）及阿里巴巴（9988）支持的公司都出動高額補貼。當時 PayPal 每個註冊用戶可獲 10 美金獎勵，X.com 馬上推出「註冊一個用戶獎勵 20 美金」的補貼；PayPal 發現在 eBay 許多消費者有互相轉帳的需求，於是在 eBay 做推出大量行銷嘗試，其後 X.com 花更多錢，也在 eBay 上推出更多廣告搶客。

相同的競爭方法，自然會出現相同的結果。內地兩家「預約叫車」應用程式最終合併，從而省去鉅額補貼；而 X.com 及 PayPal 在 2000 年以合併告終，成為當時最大的網上支付平台，並馬上獲得一億美元融資。

合併後本來由原 PayPal 創辦人泰爾（Peter Thiel）成為 CEO 帶領公司，但由於兩家公司企業文化有別，也對 PayPal 是否向用戶收費有爭論，最終離開公司。不過泰爾其後證明自己是出色的投資人及營運專才，包括成為 Facebook 的天使投資者，在 2004 年僅用 50 萬美元，取得 Facebook 10.2% 股權，待公司於 2012 年 5 月上市時，泰爾逐步出售其持有的股票，為他帶來超過 10 億美元的利潤。同時，他在 2003 年創辦 Palantir（NYSE：PLTR），現已發展成為全球知名的 AI（人工智能）及雲服務公司。

說回當泰爾離開 PayPal 後，馬斯克「擔大旗」成為 CEO，不過他當時的管理風格卻受員工質疑，包括使用微軟的開發系統，以及有意去除 PayPal 的品牌，堅持地要以 X.com 代替 PayPal，都令員工不滿，最終一個主管決定動議彈劾馬斯克，並聯合其他支持者向 PayPal 董事會請願，逼使馬斯克呈辭，再由 泰爾回巢帶領 PayPal。

泰爾帶領下的 PayPal 逐漸回到正軌，並於 2002 年上市，同年更被 eBay

以 15 億美元收購。當時馬斯克持有 PayPal 約 11.7% 股份，從而獲得 1.76 億美元。可見在 PayPal 中，馬斯克未有表現出其管理能力，僅在投資上具有慧眼，透過 eBay 的收購為他的財富大幅增值。

蠶食 Tesla 成為大股東

同樣，Tesla 並非由馬斯克創辦，他是在 Tesla 進行 A 輪融資時，以「金主」身份投資 650 萬美元，成為主要股東，進入董事會並成為董事長。其後再多次增資增加持股，並將原來的創辦人趕走，這個故事已在上文第 3.1 節中提及。

與 PayPal 一樣，馬斯克的前期事業都不是由他一手創辦，而是透過其投資眼光，甚至是接連的財技而致富，如 PayPal 利用企業合併方式避過長期虧損的情景，而 Tesla 則用資金一步步將企業「騎劫」到自己的手中。故此，從這兩家公司的表現，都難以判斷馬斯克是否擁有出色的管理企業及發展事業能力。

收購 SolarCity 業務收入不升反跌

上文已提過的 SolarCity 在 2006 年創辦，創辦人是馬斯克的表弟林登（Lyndon Rive）及彼得（Peter Rive），而馬斯克則提供初步構想及資金支持。SolarCity 計劃協助用戶利用太陽能發電，令家庭可以減少使用石化能源，令社區更環保。而為吸引更多用戶轉用 SolarCity 提供的產品，公司向用戶免費安裝太陽能發電組件及儲電裝置，但需要用戶承諾未來 20 年須向 SolarCity 購買電力。

這個商業模式吸引美國市郊用戶轉用 SolarCity 的服務，並於 2013 年成為美國第二大太陽能組件安裝商。不過，該商業模式需要 SolarCity 在前期預先使用大量資金，為客戶安裝太陽能組件，其後才能逐步從月費中收回款項，令公司的債務越滾越大，龐大的利息或利息變動，都會嚴重影響其利潤及估值。另一方面，個別用戶有機會在 20 年承諾期中「斷供」，都會令 SolarCity 出現更多減值虧損。故此，即使公司在其行業已是全美第二大，但財務狀況不佳，屬於「燒錢型企業」，即使在 2014 年 10 月，一度推出 2 億美元債券「自救」，而馬斯克亦透過手上控制的另一公司 SpaceX，買入當中約 9,000 萬美元的債券，但仍不足以解決公司的流動性問題，在 2016 年 SolarCity 的債務已高達 15 億美元。

於是，在 2016 年 8 月，馬斯克利用 Tesla 提出以換股方式全面收購 SolarCity，有關價值約為 26 億美元，以解決後者的財務問題。消息公布後，市場憂慮當時仍未盈利的 Tesla 竟然收購一家財務困難的公司，進一步危害 Tesla 的財務狀況，同時也擔心這是收購屬於馬斯克家族間的決定，或對小股東利益受損，致股價持續下跌，由當時約 230 美元，跌至 9 月中約 195 美元，跌幅達到 15%。

馬斯克聲稱，是次收購是為 Tesla 汽車能夠獲取更清潔乾淨的能源，具有協同效應，加上 2022 年 4 月就股東控告 Tesla 關於 SolarCity 的案件也有裁決，判馬斯克在收購 SolarCity 中並無違規。不過現實中我們可以見到，當 Tesla 收購 SolarCity 並改名為 Tesla Energy 後，其業務收入不升反跌，市佔率也逐年下降；而之前領導 SolarCity 的彼得與林登在 2017 年都先後退任公司管理層，聲稱自行創業，但至今仍少在媒體上有曝光，似乎已遠離市場。

119

這些訊息，或都反映 SolarCity 的創立的其業務模式，似乎都是馬斯克的想法，其兩名表弟只是馬斯克的「人頭」，並負責協助 SolarCity 的一般營運。最終生意未能上軌道，才透過 Tesla 換股收購，讓其兩名表弟「體面離場」。對當時的小股東利益而言則有害無利，畢竟當時 Tesla 尚未盈利，收購另一家「燒錢」企業目標不明，其後 Tesla Energy 的發展也顯示出並無太大的協同作用及高估其價值，也代表馬斯克給予包括自己的 SolarCity 股東及兩個表弟有更高溢價，造成不公平待遇。

由於 SolarCity 是由馬斯克則提供初步構想及資金支持，事件也再進一步反映他並沒有創業頭腦，成功只靠模仿成功的公司，打「燒錢」戰術或以大筆資金成為人家公司的主要股東，然後不斷增資增加股權比重，再趕走原來的創辦人及管理層等財技，才得以發跡。

圖 3.4　Tesla Energy 官網首頁

發 Tweet 虛報 Tesla 私有化

2018 年 8 月 7 日，馬斯克在 Twitter 上宣布將 Tesla 以每股 420 元私有化，並聲稱已經有足夠的資金實行（Funding secured）。受消息刺激，股價急升近 11%，至 379.57 美元，創近一年新高。馬斯克翌日更在 Tesla 官網發布公告，指出私有化的原因是「幫 Tesla 的營運創造最佳的環境」，避免過多財務及營運資訊供競爭對手運用、避免散戶股東過度關注短期季度業績數據，以及避免讓投機者造謠攻擊公司。

不過，其後市場懷疑馬斯克「錢從何來」，畢竟除了當時仍未盈利、並須著手處理 Model 3「產能地獄」的 Tesla 仍在燒錢外，馬斯克其他業務如 Space X 也是在發展階段，無法為馬斯克提供鉅額收購資金。而馬斯克也一直未有向市場解答疑惑，故股價其後迅速下跌。

馬斯克於 8 月 14 日在 Tesla 官網發表第二份報告，聲稱近兩年沙烏地阿拉伯主權財富基金（PIF）曾就公司私有化多次與他接觸，並逐步收購 Tesla 近 5% 股票。在 7 月 31 日與 PIF 舉行會議後，馬斯克稱對該基金協助私有化深信不疑，只剩推進問題，以解釋為何在 Twitter 上表明已有足夠資金實行，並稱銀湖資本和高盛也對 Tesla 私有化感興趣。

然而，銀湖資本其後回應指，目前沒有參與相關計劃；高盛也並非 Tesla 的正式顧問，外國傳媒也引述沙烏地阿拉伯主權財富基金也無意接手，故此市場仍然不接受馬斯克的解釋。同時，美國證監會（SEC）也開始調查馬斯克的 Twitter 內容涉嫌誤導投資者。最終在 8 月 25 日，Tesla 在官網上宣布取消私有化，股價收報 322 元，較公布私有化前的 342 元跌約 6%。

Tesla 私有化不成，馬斯克更因其為 Tesla 董事局主席身份，虛報 PIF 有意協助 Tesla 私有化而官司纏身。與美國證監會的角力，最終在 2019 年達成和解協議，馬斯克須為事件支付 2,000 萬美元，並須辭任 Tesla 董事局主席一職。2022 年 4 月關於股東的集體訴訟案中，法庭文件顯示，「未有陪審團同意馬斯克推文內容準確或不誤導」，意味股東暫勝一仗，馬斯克仍未在事件中完全脫身。

「私有化鬧劇」後，市場仍然難以理解為何馬斯克會突然披露 Tesla 會被私有化，甚至有傳言指是為了令馬斯克的女友開心，而無意「搞出一個大頭佛」。但必須指出的是，馬斯克並非金融市場小學生，而是技巧純熟的老司機，他早在 2002 年已靠上市的 PayPal 發跡，並先後讓 Tesla 及 SolarCity 由初創公司送到納斯達克上市，而 SpaceX 也在不斷融資發展的道路上，馬斯克過去數年與各個財團及股東交往甚密，相信早已得知大部份大型財團的行為反應偏向保守，例如未完全落實交易已提前曝光，往往導致交易取消。他也親自見證 SolarCity 被 Tesla 收購後對股價的影響，以及股東的反應，可以見到，過去 20 年來馬斯克其實一直在金融市場游走，不可能不知道提前公布消息的後果。

所以，事件的論述應該是「馬斯克明知道要承擔後果，為何仍然無視法規，披露仍未落實的消息？」最直觀的解讀，是利用消息帶來的利好衝擊，去令沽空者投降，並同時顯示出馬斯克可以隨時殺沽空者一個措手不及，從而控制沽空 Tesla 股票的數目及比例，降低股價下跌的壓力，並為 Tesla 贏得更多時間解決 Model 3 的產能問題。結果 Model 3 產能持續上升，Tesla 避過破產問題之餘，更令公司扭虧為盈，成為其後股價暴升，馬斯克身家過千億美元的關鍵。而承擔責任的成本，只是不能成為 Tesla 董事

局主席（但仍可以擔任 CEO）、2,000 萬美元罰款及處理官司的律師費，誰是事件中的大贏家，可謂一目了然。

另一個原因，則是馬斯克自己，或為友好的主要股東，在場外與大行進行「對賭式」合約。這類場外合約由於只得雙方訂立，保密度高，也非需要監管的金融理財工具。對大行而言，公開市場可以沽空、股票期貨及期權等工具，可以賺取交易費用之餘，並為合約做對冲；而對馬斯克而言，則可以用「嘴炮」控制股價升跌，為自己的注碼創造優勢，故某程度而言是雙贏局面，馬斯克也是權衡利益及風險，而驅使其做出破格行為。

聰明人不會做危害自身利益的蠢事。如果至今仍認為馬斯克在事件中只是一時疏忽，那讀者必然忽視其過去多年的財技操作例子。然而，當一個 CEO 為自己的利益如此老謀深算，到底又是否一般投資者可以接受的對象？

吹捧加密貨幣　旨在推高股價

馬斯克的事業並不專一，在持續投資 Tesla 時，也創立 SpaceX，兩家初創公司不斷「燒錢」之時，也和表親創辦 SolarCity，其後更有一些小型的初始項目，例如人工智能的 Open AI、地下道路網絡 The Boring Company、超高速運輸工具 Hyperloop 等。這些項目的特點，都是初創，也就是要不斷燒錢才有機會獲得成果。

即使他有多個新技術有待開發，但他在 2021 年卻在其 Twitter 帳戶中不斷提及加密貨幣，甚至透過 Tesla 買入比特幣，並聲稱可以用 Tesla 購買其

生產的汽車，刺激比特幣價格急升；但之後又聲稱「測試比特幣的流動性」而將部份比特幣出售，又令價格下跌。

其後馬斯克又以比特幣交易時需要使用大量電力「撞密碼」，並不環保，批評比特幣的「加密貨幣黃金」的地位，並暫停使用比特幣作為 Tesla 的支付工具，但同時卻追捧設計藍本與比特幣相若，只修改個別參數的狗狗幣（Dogecoin），未有批評該幣交易時，同樣會浪費電力，造成污染。在個別加密貨幣急跌的日子，也曾發文暗示自己是「鑽石手」(Diamond Hands)，即會長期持有加密貨幣，不會因價格波動而動搖。

馬斯克在 2021 年成為加密貨幣的「教主」之一，而 Tesla 購入比特幣，也令公司成為「加密貨幣概念股」，吸引一些憧憬加密貨幣改變世界的投資者，以及無法投資加密貨幣的中小型基金青睞，結果進一步推高 Tesla 的股價。

到底馬斯克是否如此熱愛加密貨幣？首先，他只對個別加密貨幣感興趣，例如比特幣及狗狗幣，這兩種加密貨幣早期主要在互聯網「謎因」圈（meme）中流傳甚廣，但在加密圈中，這兩隻貨幣的開發潛力較低，反映馬斯克選擇「推幣」時，比較看重加密貨幣在互聯網的熱度，多於加密貨幣的潛在應用。其次，馬斯克沒有對 2021 年出現爆發式增長的去中心化金融（De-Fi）、去中心化遊戲（Game-Fi）或其他公鏈等加密貨幣應用方案，有任何推廣或評論，也沒有參與或試用這些應用程式，也進一步反映他並非熱衷於加密貨幣發展的人，而是靠加密貨幣「抽水」加強其號召大的工具。

在 2022 年第二季度，Tesla 公布出售其持有的 75% 比特幣，套現 9.36 億美元「袋袋平安」。有此可見，他在社交平台提及加密貨幣，目的似乎是造勢，吸引加密貨幣愛好者及投資者關注 Tesla，以及為公司增加加密貨幣概念，以利催谷股價，多於真正對加密貨幣有研究。

分股權獎勵　再推高市值

對於為何馬斯克幾乎「無所不用其極」的方式，提升自己及 Tesla 在互聯網中的知名度，甚至不惜犯險，失去做 Tesla 董事局主席一職，也要散布不實的私有化資訊，如果背後沒有任何目的及利益，相信一般讀者也不會相信。

問題是，到底馬斯克得到哪些利益？這些利益又會如何影響他向外界及大眾的表述，除了前文估計為 Tesla 爭取時間，利用散戶力量拉高股價，避免被沽空機構針對，以及比較虛幻的「場外對賭協議」外，在 2018 年 1 月他獲得的高額 Tesla 股權獎勵，也是他為何近年不斷利用社交媒體進行 Tesla 股價及市值管理的重要原因。

根據該薪酬方案，馬斯克股權獎勵將取決於公司市值、營業收入及經調整 EBITDA 是否達標而定。Tesla 將市值目標分成 12 層，市值每增加 500 億元，馬斯克即可獲得新的股權獎勵，直至市值超過 6,500 億美元為止。同時，公司也設有營業收入及經調整 EBITDA 目標，一共 16 個，每組 8 個，但在十年期間，只要達到當中 12 個目標，即可盡得獎勵股份，佔 Tesla 現有股份的 12%，或佔 Tesla 經擴大後的股份約 9.4%。

以目前 Tesla 市值約 7,500 億美元計，這批股份總值接近 700 億美元。這也解釋了為何馬斯克如此熱衷社交媒體做市值管理，因為只要市值超過 6,500 億美元，然後等 Tesla 大幅度擴充業務規模，催谷收入，最後擠壓成本及做一些會計處理，就能夠增加經調整 EBITDA，從而獲得所有獎勵股份。

這或許能夠解釋，為何自 2018 年後，馬斯克在 Twitter 活躍度明顯提高，與大眾一起炒加密貨幣，買 Bitcoins，推狗狗幣，甚至虛報 Tesla 私有化以獲得市場更多關注。最終他的策略成功，在 2020 年美聯儲局無限「放水」兼向居民派錢解決經濟困難，馬斯克利用他累積的人氣及宣傳，成功令 Tesla 股價急升數十倍，市值一度突破 1 萬億美元並維持一段時間，達到薪酬方案的市值要求。

解決市值問題，也令 Tesla 成為極受關注的品牌後，馬斯克現在集中精力催谷收入及加大經調整 EBITDA，先後在上海及德國興建 Gigafactory，大規模生產 Model 3，從而推高收入，並利用規模效應令 Tesla 賺錢。據 Tesla 公布的 2021 年全年業績顯示，公司收入達到 538 億美元，經調整 EBITDA 為 116.2 億美元，分別達到收入第 2 層，以及經調整 EBITDA 的第 6 層，只剩 4 層即可取得全部獎勵股份。

換言之，當兩個在美國以外的 Gigafactory 完全量產後，馬斯克獲取所有獎勵股份的機會極大。透過運用財技，以及自我宣傳及吹捧下，就能獲得約 700 億美元的財富，其持股比例也增加至接近 25%，進一步控股 Tesla，區區 2,000 萬美元的和解費用及董事長一職，實屬小巫見大巫。

創辦公司屢陷破產邊緣

作為價值投資者，應著重尋找增長及現金流皆有穩定增長的股票。巴菲特的持股中，蘋果電腦是其投資組合中佔比最大的股票，原因是公司銷售的產品如 iPhone 及 MacBook 等，都有充裕的需求，而公司也著重平衡毛利、利潤及研發支出，令公司持續有穩定的現金流，以及不斷有新技術突破，保持其核心競爭力。

巴菲特另一熱衷的板塊，則是銀行及零售類等「現金牛」公司，即使經濟如何變化，都能夠維持業績穩定增長，並持續給予股東股息回報。同時，隨著業務不斷擴充及企業價值提升，最終會反映在股價上，令其持有的股票價值也不斷上升，從而「利用別人的頭腦，為自己賺錢。」

相反，馬斯克則有另一套企業營運的哲學，除了更著重旗下公司的敘事（Narrative）外，也經常地將自己控制的企業進行高風險操作，甚至置於即將破產的困境之中。例如在 Tesla 的發展過程中，先後多次傳出即將破產傳聞，在 2013 年 2 月 Tesla 曾一度瀕臨倒閉，因為當時公司新推出的 Model S 電動車因功能有限而滯銷，若沒有足夠資金，Tesla 或因資金周轉問題而破產收場。

當時馬斯克一邊思考如何改善電動車的質素及銷售方案，另一邊則遊游說好友、當時的 Google 行政總裁佩奇（Larry Page）以 60 億美元收購 Tesla，並再注資 50 億美元擴充廠房，同時容許馬斯克繼續帶領 Tesla 及研發新一代電動車。佩奇一度答應有關建議，但談判期間 Model S 銷量激增，收入大幅增加，令 Tesla 的資金壓力稍為放緩，逃過一次破產危

127

機，加上雙方商談細節有分歧，所以最終收購建議告吹，馬斯克繼續成為 Tesla 大股東。

然而，Model S 雖然令 Tesla 品牌廣受市場歡迎，但過高的成本令公司的現金流一直緊絀，大規模生產的低價 Model 3 才能夠令 Tesla 財政轉危為安，但前期需要花大筆資金建廠及開發資金，也再次令 Tesla 短短數年後即陷入另一場破產危機。Tesla 在 2017 至 2019 年面臨產能問題，令 Model 3 產量一直難以提升，更一度處於「生產和物流地獄」，其後他也透露公司曾距離破產僅 1 個月。其後 Tesla 成功解決產能及資金問題，加上馬斯克採用各種財技及宣傳方式，令自己更受市場及「信徒」注意，以支撐 Tesla 的股價，從而令他更容易在 Tesla 股權協議得到更多股票，「谷大」他的財富，令他最終成為世界首富。

圖 3.5 SpaceX 官網

另一家由馬斯克控制的 SpaceX，也曾同樣面臨破產威脅。在 2021 年底，馬斯克在內部員工信件中表示，若無法在 2022 年底前達成星艦（Starship）和星鏈（Starlink）等預設目標，SpaceX 恐面臨破產危機。雖然有分析指以 SpaceX 及馬斯克現時的名氣，公司對外融資甚至上市集資也非難事，破產一説或與激勵員工加班及提升研發能力有關，但 CEO 親自承認公司或會面臨破產威脅，也有機會令員工離職求去，轉到另一間更經營更為穩定的公司，也有機會無法維持足夠的士氣發展新產品。故此，以破產一説激勵員工，似乎是一柄「雙刃劍」。

同時，以 2021 年及 2022 年的經濟環境，環球股市大跌，投資者容忍風險的能力大大減少，也令創新公司難以用高估值取得資金。若未來星艦試射失敗，須用更多資金研發及再造新太空船，而星鏈項目商業化仍未有眉目的話，對 SpaceX 而言也相當「燒錢」。屆時，或須觀察馬斯克會如何動用財技，或會以 Tesla 名義買入 Space X 債券，甚至直接注資，買入 SpaceX 的新股，也不足為奇。但對投資者來説，早年「硬食」SolarCity 後，現在再食另一燒錢的 SpaceX，會否令 Tesla 再一次墜入資金緊絀的危機之中呢？此書於 2022 年底，相信事件會漸趨明朗化，這是每一名對馬斯克有信念的投資者，必須考慮的事。

「大破大立」易招破產危機

馬斯克的創業之路一直都是「大破大立」，幾乎是完全顛覆已有的生意模式，並另闢新徑，開發新產品搶佔市場，將原有的競爭對手趕走。然而，要做到這種模式，前期的投資金額將會相當巨大，最終能否成功卻難以預料。所以，讀者可以發現，受馬斯克管理的公司，不論當時他是否已經成

為世界首富，Tesla 的市值是否已突破萬億美元，都會聽過破產傳聞。

例如 Tesla 在 Gigafactory 營運前，也受不少破產傳聞影響；而太空探索公司 SpaceX 也因星艦、星鏈項目及發動機製造等一系列問題，連馬斯克也承認有破產風險。

當讀者考慮到馬斯克為避免因他倡導的商業模式因周轉不靈而破產，他能夠實行的方法，就是用盡方法累積名聲、人氣甚至「信眾」後再支撐股價。只要越多人相信，就能影響更多人相信，所以馬斯克 Twitter 的追隨者超過千萬人。名聲及人氣積累夠多，加上遊戲驛站（NYSE：GME）一役連專業機構投資者都被非理性、情緒化的散戶反噬的深刻經歷後，沽空機構面對人氣高的科網股及「謎因股」都會心存忌諱，為 Tesla 取得更多生存時間及空間，實行其大計。

最終策略成功，馬斯克賺到大量「粉絲」及財富，Tesla 也在破產邊緣挽救過來，漸上軌道。所以，馬斯克的發跡史，是財技學派的重要案例，但對重點關注企業及管理層質素，追求穩定收入及回報的價值投資者而言，Tesla 如何大破大立都毫無意義。

★★★第四章★★★

嚴選增長股
可看電動車周邊行業

4.1 EVgo
市價未反映充電業前景

投資者選擇投資 Tesla，投資目的是賭 Tesla 汽車銷量持續增長，並成為領導行業的龍頭，甚至能夠壟斷整個行業。然而，在前一章的分析，可以發現 Tesla 電動車並非有大量創新的核心技術，加上包括電池及發動機等元件，其核心技術主要由其供應鏈提供。換言之，假如其他廠商有意進入電動車市場，只要梳理好行業的供應鏈狀況，很容易就能夠「研發」性能與 Tesla 相若的電動車出來。

事實上，由 2020 年開始，中國生產新能源汽車大大加速，一方面是能夠擺脫由歐美廠商壟斷的高性能燃油引擎專利，另一方面是國內有大量補貼吸引用戶，結果除了比亞迪（1211）外，也有「蔚小理」，即蔚來（9866）、小鵬汽車（9868）及理想汽車（2015）三家由零開始研發的電動車公司，而傳統車廠如吉利汽車（0175）、廣汽（2238）及長城汽車（2333）等，都紛紛開始轉型，銷售更多新能源汽車，並用更低的價格與高階 Tesla 競爭。

雖然中國是全球最大的汽車銷售市場，每年汽車銷售超過 3,000 萬輛，佔全球汽車銷售的三分之一，但如果被當地的汽車廠商以低價傾銷，加上歐洲車廠也逐步加入競爭，即使 Tesla 仍有品牌效應，但能否順利佔據市場大量份額，仍屬未知之數。一旦電動車銷量放緩，市盈率仍然高企的 Tesla，便有大量的下跌空間。

避免電動車割喉戰　考慮上下游產業

但如果其他汽車廠商都用低價促銷以爭奪市場，其他車廠也非值得考慮的投資，因即使佔據一定的市場，但沒有盈利及後續的業務模式，也代表公司未來發展受限，未必能夠與其他大型車廠、取得品牌溢價效應或核心技術的車廠競爭，最終也有機會被淘汰。故此，在「群雄割據」的年代中過早歸邊站位，投資者有機會面對股價波動，以及有機會買入一些先是星光熠熠，但其後越做越頹的廠商，即使估值非常低廉，但股價仍有機會因缺乏增長及競爭力而持續下跌。

上一章我以 Tesla 作「反面教材」，為何不要買一些有問題的增長股，今次我就以電動車的周邊行業為例子，介紹值得考慮的增長股包含甚麼特點。既然電動車容易出現競爭，投資者有意避免面對橫向同業競爭的風險，則可以研究該業務的上下游，到底有沒有更優秀的投資機會。以電動車為例，雖然處於群雄割據、百家爭鳴的時代，但電動車的普及，以及電動車的銷售量將會持續上升，則是不爭的事實。既然電動車銷量持續上升，換言之，其上游的新興原材料及零件，例如鋰電池、用作自動駕駛的車用電子鏡頭以及運算晶片、電動車的電機馬達等，銷量同樣會出現大幅增長，如果這些行業的同業競爭不大，以及估值仍遠遠低於電動車行業本身，對投資者來說則是一項值得買入的機會。

而當電動車規模越來越大，下游配套需求也越來越高，例如電動車維修及保養，以及充電問題。據市場調研公司 TradesMax 資料，整體電動車的市場由 2019 年到 2040 年，每年複合增長率達到 24%，即使電動車的續航距離越來越長，但基於駕駛者的「里程焦慮」，對充電站的需求也日益

增長。然而，目前充電站體系仍未完善，也留給投資者一份憧憬。

EVgo 電動車快速充電龍頭

美股中的 EVgo Inc（NASDAQ：EVGO），則是美國大型快速充電設施營運商之一，也是第一個可以兼容 Tesla 電動車的充電樁，截至 2022 年第二季度，公司在全美超過 850 個地點，共營運約 3,700 個充電樁，其中有 2,400 個屬於直流快速充電樁（DCFC），而 EVgoDCFC 的市場佔有率排在第二名，也是僅次於 Tesla，但由於 Tesla 充電站屬封閉系統，只能給 Tesla 旗下電動車使用，EVgo 則會開放給其他品牌使用。換言之，Tesla 的充電樁目前不會和 EVgo 直接競爭，EVgo 便成為電動車快速充電行業的龍頭企業。

另外，Tesla 由第一天起就授予 EVgo 在 EVgo 充電器上使用其連接器的權利，從而使 EVgo 具有先發優勢，成為與所有類型的電動汽車兼容的100% 可再生能源供電的公共快速充電網絡。

電動車與燃油車的分別之一，是充滿能源的時間。燃油車去油站加油，一般 10 至 15 分鐘就能完成；但電動車充電則受限於現時的技術，無法像燃油車一樣充電。家用充電器只能提供 12A-16A 的電流，需要 16 小時才能為 24 kWH 電池的充電；商場及辦公室可提供 15A 至 80A 電流，但充滿電也需要 4 個小時，對於私家車而言，出行或許沒有太大問題，但對於商業車輛來說，充電代表無法營運，如果需要 4 小時充電，代表營運時間會較燃油車大大縮短，這也限制了電動車在商業車輛的發展。

至於 EVgo 積極發展的快速充電，能夠向車輛電池提供高達 400A 的電流，而且是直流供電，輸出電流功率更大，充電時間不到 30 分鐘，對於運輸類車隊來說，肯定只有快速充電技術才能合乎其需求，可見其技術含量及其競爭優勢。而據 TradesMax 資料顯示，在 2019 年到 2027 年間，電動運輸類車隊，以及電動重型卡車，將分別有著 86% 和 152% 的年複合增長，反映快速充電技術在市場潛力巨大。

EVgo 由 2021 年 7 月 1 日起，通過與 SPAC 的 CRIS 進行業務合併後，已能夠公開交易。雖然自上市以來，股價一直在下跌。我認為投資者擔心不確定性，因為行業現時仍處於起步階段。至目前為止，EVGO 在純電動汽車快速充電站領域已處於領先地位，相信在未來十年的激烈競爭中，它仍將保持優勢地位。

圖表 4.1 EVgo 2021 年至 2022 年股價走勢

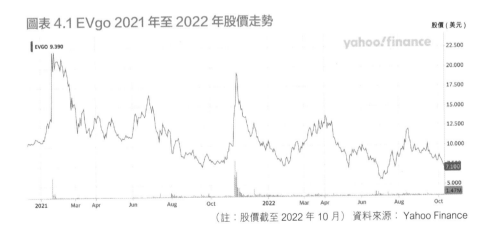

（註：股價截至 2022 年 10 月） 資料來源：Yahoo Finance

另外，與給內燃機加油不同，電動汽車的充電速度無論多快都需要幾十分鐘，因此存在司機到達時必須等待的情況。EVgo 通過實施預訂系統 PlugShare 來管理這種情況。它使公司能夠為客戶提供更可靠的服務，並通過預訂費創造額外收入。

估值方面，國際能源署（IEA）估計，至 2030 年可持續發展情景中的電動汽車庫存約為 3,300 萬輛，既定政策情景中的電動汽車庫存則有約 1,500 萬輛，而由歐盟替代燃料基礎設施指令（AFID）設定，每 10 輛電動汽車配備一個公共充電器。同時，IEA 估計，公共充電器總數的 7% 至 8% 將是功率超過 22kW 的快速充電器。EVgo 以更大的功率容量運行充電器，由 50 到 350kW，所以我假設當中的 5 成是功率超過 50kW 的快速充電器的份額。

最後，我假設 EVGO 的市場份額為 50%。那麼，預期公司將於 2030 年運營的快速充電器數量將在 38,865 至 84,925 之間，這意味著每年平均增長 47.5% 至 59.4%。考慮到該公司表示到 2027 年將生產 16,000 個充電器，我的假設並不激進。

快速充電樁有望增加回報

而據 EVgo 2022 年第二季度的數據顯示，公司目前僅安裝了約 3,700 個快速充電樁，並獲得約 910 萬美元的收入。公司預期，開設一個新的快速充電樁早期資本開支較高，在高折舊下會對利潤做成短期影響，但當快速充電樁開始營運時，便能每年為公司帶來穩定的回報及現金流。所以，在不斷增加快速充電樁時，公司仍然會面對虧損，但逐漸會扭虧為盈，並帶來

低雙位數的稅前內部回報率（unlevered pre-tax IRRs）。

若 EVgo 在 2030 年前能夠部署約 5 萬個快速充電樁，即未來 8 年會增加超過 12.5 倍的快速充電樁，對收入的貢獻將會非常顯著。同時，當快速充電樁能夠大規模生產及訂購時，能夠達到規模效應，可以降低每個快速充電樁的平均成本，從而減少資金投入，進一步提升內部回報率，加快資金周轉。故此，在電動車逐漸普及時，對快速充電樁的需求也同步上升，對於興建及營運這些設施的營運商而言，將會逐步取代現時的「油站」，成為新的業務增長點，對於已成為龍頭的企業，則會更具優勢。

EVgo 是受益於汽車行業急劇變化的絕佳選擇，這種變化的主要驅動力是電動汽車的採用。儘管如此，目前的市場價格並未反映充電器服務的積極前景，因為該行業仍處於早期運營階段。我的估值支持股價現在看起來被低估，表明資本大幅升值，風險有限。我相信我們可以從未來十年增長最快的市場中獲利。隨著這家快速充電運營商繼續在美國各地擴大運營以滿足不斷增長的需求，這家快速充電運營商處於有利地位，有顯著的上漲空間。

139

4.2 Luminar
嶄新雷達技術升值可期

對比傳統的燃油車，電動車只是更換了汽車的動力裝置，但汽車塞了一個大電池後，就能加入晶片及感測器，進行各種運算，將電動車變成「行走的電腦」，甚至可以做到無人駕駛或自動導航，以及與其他汽車溝通互聯，或許能夠更有效地提高交通運輸效率，減少交通擠塞及意外等問題。

要令電動車能夠自動導航，就必須賦與「眼睛」感測附近的物件及距離，例如鏡頭、超聲波雷達及激光雷達等。鏡頭主要辦識前方的路牌及障礙物，超聲波雷達則負責測量近距離障礙物，而激光雷達則負責測量遠方障礙物的距離。這三組系統得到的數據，再交由電動車的核心運算晶片處理，加上聯上互聯網取得的地圖數據，電動車就能夠在高速行駛期間，判斷自己的位置，以及附近的障礙物，從而選擇最安全及最有效率的行車路線行駛，無須司機協助。

然而，由於手機銷量到頂，甚至在經濟放緩期間出現下跌趨勢，鏡頭生產廠商紛紛將目光轉移至汽車上，並投入大量資源研發，所以初創公司在這一範疇中難以突圍，但鏡頭生產廠商面對手機鏡頭及模組銷量及毛利下跌，而電動車引入大量車用鏡頭用作自動駕駛的速度仍然緩慢，故這些生產廠商也面對收入及利潤下跌的問題。至於超聲波雷達並非新事物，現時私家車倒後泊位時，除了有鏡頭支援司機外，一旦貼近其他汽車，就會發

出響號警告司機，就是利用了超聲波技術。

將激光雷達用於無人駕駛

現時幾乎沒有汽車採用激光雷達技術（LiDAR），但要實行自動駕駛，激光雷達幾乎是唯一能夠令電動車取得遠方物件位置及速度等 3D 數據的技術。故此，現時較受市場關注的，是如何將激光雷達技術用於無人駕技方案之中。而成立於 2012 年的 Luminar（NASDAQ ： LAZR），主要開發專用於高速公路自動駕駛的激光雷達（光學雷達），使陸地車輛能夠在高速公路上自動駕駛。Luminar 最近更與 Airbus 達成協議，開發自主飛行安全技術，這被認為是一項重大的商業勝利。

雖然整個車用市場都明白激光雷達對自動駕駛的用處，會能夠正式量產產品供車廠使用的製造商也屈指可數，也令 Luminar 這家初創公司，成為備受市場關注的潛力股票。因為要將 LiDAR 發展成為車用級產品，必須要同時滿足成本夠低、可靠以及可量產三個重要條件，而 Luminar 離這三個條件非常接近，全球前 15 家汽車廠商之中，有 12 家正在測試 Luminar 的產品；而全球前 10 家汽車廠商中，則有 7 家在測試 Luminar，反映公司已被全球汽車大廠接納。

Tesla 沒有採用 LiDAR 技術

事實上，Tesla 的自動駕駛系統 Autopilot 中並沒有採用 LiDAR 技術，只是使用攝像鏡頭及毫米波雷達等傳感設備。2016 年之前的 Model S 使用的運算芯片，是 Mobileye 的 EyeQ3 芯片技術，其後則使用英偉達自動駕

駛芯片加強運算技術，同時在車身四周佈置 8 顆攝像頭和 12 個超聲波傳感器。然而，一輛電動車擁有如此多的「眼睛」，也不時發生與自動駕駛有關的意外。例如在 2016 年 5 月，一名男子駕駛 Model S 開啓 Autopilot 系統，撞上正在馬路中間行駛的半掛卡車致命；2018 初，另一輛開啓 Autopilot 系統的 Model S 撞上了一輛停在路邊的消防車。

從研究這些不幸的交通意外中發現，Tesla 的自動駕駛技術出現「盲點」，Tesla 電動車在高速行駛期間開啟 Autopilot 系統時，會忽視一些相對緩慢的目標，導致 Autopilot 系統無法將電動車減速，最終直接撞倒，即使軟件及人工智能運算能力持續加強並更新，增加了安全性，但仍無法修補這個漏洞。

漏洞出現的原因，是因為毫米波雷達的不足，只能在二維方向上裝備，令接收器分辨回波時會產生混亂，無法區分靜止不動與相對靜止不對的目標，例如無法區分街上的路牌，路邊的花壇，甚至是隧道前的牆很難與路面上的車。結果軟件工程師為了令系統重點關注路面上的車，就讓電動車自行去掉靜止物體產生的回波。

然而去掉這種回波，也就代表電動車會出現「盲點」，一旦物體與電動車以相對靜止的速度移動，電動車有機會自行過濾有關目標，無法有效判斷距離；當物體突然減速才被系統的毫米波雷達發現到，但刹車距離嚴重不足，結果高速從後撞上，會對司機產生巨大危險。而 LiDAR 技術則有效解決有關風險，LiDAR 利用多線激光雷達，快速掃瞄附近環境，並將得到的反射波信號傳送至運算晶片內，從而讓系統繪製精細 3D 立體地圖，而且具有視角大、測距範圍廣等優點，由根源上解決毫米波雷達只能處理二維

方向的問題，把自動駕駛的安全性從 99% 提升到 99.99%。

雖然 LiDAR 有更多好處，但也有一些風險因素，尤其是天氣變化會嚴重影響。例如大雨對毫米波雷達的性能會有嚴重影響，精度下降，自動駕駛的能力將會大打節扣。即使利用光束更集中的激光雷達，在一定距離外會開始擴散，對於半透明的物體，例如車窗、下雨天或濃霧天等，水滴有機會引起反射，造成噪訊（Noise），也會對性能產生影響。

突破性技術 Luminar 核心優勢

要進一步解決這些問題，激光需要更長的波長，以減少被水汽反射的機會，同時需要多線數，讓系統有更多數據判斷汽車的位置及操作決定。Luminar 的核心優勢，正正是在解決這兩個問題上大幅跑贏其他廠商。

現時大部份同業都在開發 905nm 波長的激光雷達，但 Luminar 則創新地採用更長的 1550nm 波長，對人眼無害，可以發射更大功率的激光，以取得更精確及更遠距離的數據，附加的軟件能夠過濾 LiDAR 探測的點雲數據，同時估掃描可靠性，確保車輛能夠在雨、雪、霧等天氣正常運作，令自動駕駛技術更加安全。對比 905nm 波長的激光雷達傳感器無法在濃霧中無法有效工作，1550nm 激光雷達則是唯一能在濃霧中幫助車輛做出正確轉向操作的傳感器，同時有 30 米的視野，比人眼可視距離更遠。

Luminar 另一項創新，則是使用性能更高但成本更貴的 InGaAs（銦鎵砷）接收器。使用傳統硅材料製造的接收器，是無法接收 1550nm 波長的雷射激光，只能使用銦鎵砷。然而，銦鎵砷的成本是普通硅基材料的 10 倍，

未來幾年成本也不會大幅下降，於是 Luminar 則專注研發使用更少的銦鎵砷，以達到接收同樣雷射激光的水平，結果，Luminar 成功解決問題，並將接收器的成本由數萬美元，減少至 3 美元，令其 LiDAR 系統價格可以更親民，同時有助吸引更多車廠合作。

業務增長速度超越前任「一哥」

憑著更佳的核心競爭力，結果據 Luminar 的業績報告顯示，2021 年收入按年增長近 1.3 倍，至 3,200 萬美元；而在 2022 年第二季度，收入達到 1,000 萬美元，較去年同期增加 57%，截至 2022 年 9 月 30 日的市值仍超過 26 億美元，顯示公司的業務增長迅速。至於被市場視為 Luminar 的競爭對手，曾經的 LiDAR 系統「一哥」Velodyne（NASDAQ： VLDR），去年收入雖然達到 6,200 萬美元，但按年跌超過 35%，而在 2022 年第二季度，收入也僅得 1,150 萬美元，較去年同期再跌超過 15%，反映在 Luminar 步步進迫下，收入及市場佔有率都開始出現下跌，截至 2022 年 9 月 30 日的公司市值，也僅得 2.1 億美元，反映市場對增長迅速兼具核心競爭力的初創公司，以及「已過氣」的企業的喜好，有著嚴重的落差。

圖表 4.2 Luminar 與 Velodyne 2021 年至 2022 年走勢

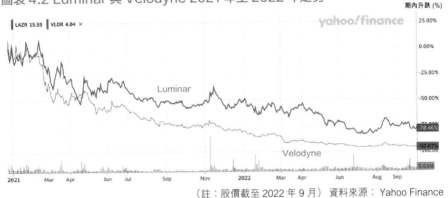

（註：股價截至 2022 年 9 月） 資料來源：Yahoo Finance

我認為，隨著 Luminar 的遠期訂單持續增長 60%，並擴展到新行業和合同，以及供應鏈開始平衡，我們對 2022 年收入的初步預測為 4,000 萬美元至 4,500 萬美元，即使達到我們預期的較低範圍，也比 2021 年的 3,200 萬美元，有相當大的增長。同時，Luminar 未來幾年仍有虧損，因為它目前是為了增加銷售額，並以獲得更多合同為目標。如果公司繼續按此方向，我認為可以在 2025 年之前實現盈利。所以從長遠來看，現時是買入的時候。

145

4.3 Nvidia
推陳出新主導自動駕駛

高速行駛的汽車，如需要自動導航，需要多部鏡頭、超聲波雷達及激光雷達互相協助。然而，每個鏡頭及雷達都有不同的數據，如果要整合這些龐大及即時的數據，讓汽車能夠自動辨別附近的汽車、路牌、行人或其他障礙物，必須要有強大運算能力的處理晶片，才能令汽車自動駕駛系統可暢順運行。

一顆受市場注目的處理晶片，除了運算能力出眾，可以承受更多接收器傳送的數據，得出更準確的判斷，降低出現意外的可能性外，同時還需關注功耗問題，因為電動車雖然整個底板都鋪滿電池，但電量仍然有限，如果處理晶片的功耗過大，就會對電動車的續航距離有很大的限制，基於駕駛者的「航程焦慮」，如果用運算速度更快但更耗能源的運算晶片，令電動車的續航距離更短，最終或影響消費者的購買意欲。同時，晶片功耗過大，

各地自動駕駛標準未統一

最後是晶片的延展性問題。由於每家車廠及其設計的車款各有不同的定位、特色、功能及售價，對於自動駕駛的要求也有所不同；同時，各國對自動駕駛的監管法規仍在建立之中，未有統一及標準的法例。於是，對於車廠而言，設計一款切合市場需求及功能的汽車，比一味提升自動駕駛技

術，但容易被當地政府禁止司機使用的電動車，成效更大，對晶片的要求也有大不同。

事實上，由美國高速公路安全管理局（NHTSA）和國際汽車工程師協會（SAE）提出的自動駕駛技術程度，共分為 6 級，具體內容如下：

Level 0：無自動化：車輛由人完全控制，沒有自動駕駛。

Level 1：駕駛輔助：車輛仍由司機控制，車輛具備一些初級駕駛輔助功能，
　　　　如定速巡航、自動泊車。

Level 2：部分自動化：車輛仍需司機主導駕駛，但加入更多自動駕駛功能，
　　　　如高速自動輔助駕駛、擁堵自動輔助駕駛、自動泊車和自動緊
　　　　急制動等功能。Tesla 的 Autopilot 屬於此類別。

Level 3：有條件自動化：司機的重要性已在降低，僅在有需要時接手駕駛，
　　　　達成有條件的自動化。

Level 4：高度自動化：司機可以隨時休息，但也可以隨時接管車輛駕駛。

Level 5：完全自動化：車輛實現完全自動化，適應在全何天氣及地形自
　　　　動行駛，並不再設有司機位，車輛運作全由電腦控制。

可以見到，目前市場最優秀的自動駕駛技術，仍處於 Level 2 階段，再升級至 Level 3，或面對大量對車輛的監管及法律問題，尤其是出現意外後，到底由車廠、保養汽車公司、抑或是由司機負責，相信會成為一個嚴重的問題。故此，短期內，Level 3 自動駕駛技術仍在研發之中，反映高價的快速運算晶片，仍然在等待銷量爆發的機會。

人工智能運算 Nvidia 佔優勢

早年，自動駕駛系統的運算核心，幾乎由英特爾旗下的 Mobileye 壟斷，但隨著人工智能系統越趨盛行，主導優勢已逐步由能夠輕鬆處理人工智能核心平行運算的 Nvidia（NASDAQ ： NVDA）晶片佔據。

在 2020 年 5 月，Nvidia 公布新一代自駕車平台 Orin 的特性，整合 TensorCore 之 Ampere 架構 GPU，除了有 Level 2 層級的標準 254TOPS 性能版本外（1 TOPS 相當於每秒進行 1 萬億次操作），也設有針對先進輔助駕駛（Advanced Driver Assistance Systems, ADAS）的 Orin ADAS SoC（系統級晶片），可在 5W 的功耗提供 10TOPS 的性能，能夠滿足當前先進輔助駕駛需求。同時，該系統的記憶體頻寬達 200GBps，並具備

170 億個電晶體比起前一代的 Xavier 高出 7 倍，而功耗也僅 45W，與家用桌面電腦的中央處理器（CPU）相若。

另外，Nvidia 也具有高度延展性，針對仍在研發的 Level 5 自動駕駛平台，Nvidia 推出「雙 Orin」組合晶片，雖然功耗高達 800W，但具備 2,000TOPS 的性能，能夠在短時間處理大量數據，供車廠進一步研究 Level 5 自動駕駛平台的可行性及穩定性。

至 2022 年 3 月，Nvidia 正式生產 Orin，並宣布未來 6 年自動駕駛領域的晶片訂單金額已超過 110 億美元，超過 25 家車廠已採用 NVIDIA DRIVE Orin 系統的 SoC，而全球前 30 大電動私家車製造商中，有 20 家選用 NVIDIA DRIVE Orin 做為其人工智能運算平台，包括比亞迪（1211）及 Lucid（NASDAQ：LCID）等。

同時，Nvidia 發布可供整個自動駕駛車產業使用的「NVIDIA DRIVE Map」，測量圖像資料的準確性進一步提高，並在 2024 年底前將提供涵蓋北美、歐洲和亞洲 500,000 公里道路的測量級地面真實圖像資料，可望加速 Level 3 及 Level 4 自動駕駛技術的部署，以確保自動駕駛汽車能夠更準確地知道自己的所在位置，以及終點位置，從而規劃取佳的路線。

推陳出新 累積核心競爭力

另一方面，Nvidia 發表新一代的自動駕駛平台 DRIVE Hyperion 9，由 DRIVE Atlan SoC、14 組鏡頭、9 部雷達、3 部光達與 20 台超音波所組成；另外還在車廂內另外搭載 3 組攝鏡頭及一組雷達，用於偵測車內乘客

的狀況，資料處理量是上一代的兩倍，預估具備高達 1000TOPS 的效能。Nvidia 聲稱，他們的目標是在 2026 年，車廠利用該自動駕駛平台，就能為汽車帶來 L4 級別的自動駕駛技術。

而在短短半年後，Nvidia 竟然推倒重來，再發表新晶片 DRIVE Thor，整合多個 GPU（圖像處理器），從而車現 2000TOPS 的 FP8 效能，並以單一平台提供運算及自動駕駛等功能，令車廠更快實現 Level 4 等級自動駕駛，並降低車廠的開發與配置成本。可見 Nvidia 為強化自身在自動駕駛運算晶片的優勢，加速研發新的晶片架構，及令晶片運算更有效率，以不斷累積其核心競爭力，靜待自動駕駛的爆發時機。

圖表 4.3 Nvidia2021 年至 2022 年股價走勢

（註：股價截至 2022 年 9 月底）資料來源：Yahoo Finance

而在 Nvidia 2022 年至 2023 年第二季度（由 2022 年 5 月 1 日至 2022 年 7 月 31 日）的業績中，可以見到自動駕駛業務收入為 2.2 億美元，按年增長 45%，而按季增長 59%，是 Nvidia 眾多業務之中，按季增長最快的業務。不過自動駕駛業務收入僅佔公司總收入 67 億元約 3%，佔比並不高，但目前該業務主要由 Tesla 及一些內地車廠貢獻，除 Tesla 外其他車廠規模並不大。所以，如果更多車廠引入其晶片，以提高駕駛安全，甚至成為自動駕駛或輔助駕駛的標準配置後，市場潛力相當巨大。

151

4.4 Albemarle
增鋰電池產能財息兼收

要製造一輛電動車，電池不可或缺。無論是 Tesla 與日本松下合入的「4680 電池」，還是比亞迪（1211）推出的「刀片電池」，都屬於充電池，與智能手機電池一樣，基本材料都包含鋰。另一方面，電動車用電的容量大，重量隨時超過數百公斤，安裝在電動車底盤內，都遠遠超過一部僅得約 150 克的智能手機，同時消費者對航距有需求，車廠為滿足客戶需要，也會持續增力電池容量，令航距增加，新電動車鋰的含量也越來越高。所以，隨著全球由燃油車逐步演變成電動車，對鋰的需求將會呈現爆發式增長。

據廣發香港的研究報告預期，2021 年至 2023 年全球的鋰需求將分別同比增長 77%、39% 和 19% 至 59 萬噸、82 萬噸和 97 萬噸。然而，鋰礦的供應在短期內未能完全滿足需求，將分別僅按年增長 16%、52% 和 30% 至 47 萬噸、72 萬噸和 94 萬噸，顯示至 2023 年仍出現約 3 萬噸的供應缺口，對鋰資源價格有支撐作用。故此，投資者可以留意與鋰相關的礦業公司。

在港股中，贛峰鋰業（1772）及天齊鋰業（2466）已先後上市，成為「鋰資源概念股」，而 A 股中，除了在深圳掛牌的盛新鋰能（深：002240）外，也有一隻鹽湖股份（深：000792）有近三成收入由碳酸鋰貢獻，故也成為與鋰礦相關的股份。

152

Albemarle 座擁鋰電池原料

至於美股，Albemarle（NYSE ： ALB） 則是最著名的鋰業公司，Albemarle 最初以催化劑和高性能化學品生產銷售為主營業務，於 2015 年收購 Rockwood Holdings 後開始進入鋰礦資源行業，並將鋰化學品生產銷售業務發展為公司核心業務之一，更成為全球最大的鋰生產商。

現時 Albemarle 擁有 3 座礦山及兩個鹽湖。礦山方面，雅寶擁有美國 Kings Mountain（停工中）、西澳 Talison Greenbushes 及 Wodgin 礦山；而鹽湖方面，則有智利 Salar de Atacama 及美國 Silver Peak 鹽湖，為公司提供豐富優質的鋰礦資源。

位於西澳的 Talison Greenbushes 鋰礦，是全球頂級的礦石資源，主要出產的鋰礦物是鋰輝石（含約 8% 氧化鋰）和紫鋰輝石，2020 年權益儲量約 92 萬噸。該鋰礦於 2015 年被 Albemarle 收購，目前由天齊鋰業及 Albemarle 共同持有，後者擁有 49% 的股權，出產的鋰礦石僅向兩個股東企業銷售，保證雙方的鋰資源的供應。現時 Talison Greenbushes 礦山的產能達到 8.2 萬噸碳酸鋰當量，三期擴產計劃將於 2023 年實施，屆時產能將進一步增加至近 12 萬噸碳酸鋰當量。

Wodgin 礦山主要生產 6% 的鋰輝石精礦，鋰精礦年產能達到 75 萬噸，折合碳酸鋰當量約 5.6 萬噸。Albemarle 於 2019 年買下其 60% 權益時，因鋰價低迷而暫時關閉，而隨著全球對鋰的需求上升，公司計劃在 2022 年將 Wodgin 礦山重新運作，並預期於 2023 年開始產生收益。

至於智利 Salar de Atacama 鹽湖擁有大規模、高濃度的鋰資源，Albemarle 於 2016 年年底與智利經濟部下屬生產促進局（Corfo）達成擴大提取鋰配額的協議，現時公司能夠從該鹽湖中每年提取約 4.4 萬噸碳酸鋰當量；美國 Silver Peak 鹽湖的年產能相對較少，約為 6,000 噸碳酸鋰當量。

加建工廠提高產能

同時，Albemarle 也在持續擴建加工廠。目前公司有三座碳酸鋰工廠和三座氫氧化鋰工廠，2020 年鋰化合物工廠產能折合碳酸鋰當量約為 8.5 萬噸。其中，智利 Salar de Atacama 鹽湖配有 La Negra 工廠，負責將鹽湖提取的鹵水加工成碳酸鋰與氯化鋰。目前產能為 4 萬噸碳酸鋰當量，而 Albemarle 建設的 La Negra 三、四期擴產項目在 2022 年能投產後，產能將會增加一倍。

西澳 Kemerton 一期二期的氫氧化鋰加工項目預期也在 2022 年投產，產能為 5 萬噸氫氧化鋰。另外，Albemarle 自 2017 年起在中國也設立一座鋰化合物加工廠，並將西澳的 Talison Greenbushes 的鋰礦石運往加工，年產能 3.5 萬噸碳酸鋰當量，同時與當地化工廠合作，合共規劃 10 萬噸氫氧化鋰產能。可見未來幾年，鋰礦佔 Albemarle 的整體營收，將會有大幅度增長。

於 2022 年初，Albemarle 管理層再次上調市場鋰需求展望，預計到 2025 年全球對鋰的需求約為 150 萬噸，比之前的預期再高出 30% 以上，至 2030 年會進一步增加至超過 300 萬噸。他們指出，消費者能源意識增強、

政府鼓勵使用清潔能源、電動汽車售價接近燃油車致電動車銷量速增長，僅於 2021 年全球電動汽車產量幾乎增加了超過一倍，由 2020 年的 300 萬輛增加至超過 600 萬輛，並預期 2030 年前電動車銷量佔汽車總銷量的約四成。

故此，公司也加緊其鋰資源行業的擴張，包括在中國的投資。第三階段擴張項目為公司提供約 20 萬噸的額外產能，較之前再增加約 5 萬噸，並推進第四階段的擴張方案，包括重啓美國 Kings Mountain 鋰礦的方案，以及在北美和歐洲建立鋰鹽加工廠的潛力。

EBITDA 有望增長八成

公司預期，鋰業務於 2022 年的 EBITDA 將會增長 65% 至 85%，比之前的預期有顯著改善。隨著新產能投產及效率提升，預期今年的鋰產量將會按年增長 20% 至 30%。同時，由於強勁的市場定價以及 2019 年底同意的定價優惠到期，現在預計平均實現定價將比 2021 年增加 40% 至 45%，並會持續與客戶重新談判合同，採用更多可變定價結構。這都令公司的鋰礦開採業務收入及利潤大幅度上升。

事實上，在 2022 年財政年度開始，Albemarle 的收入及利潤均大幅改善。2022 年第二季度，公司公布收入達 14.8 億美元，按年增長超過九成，並錄得 4.34 億元經營利潤，按年大幅增加 2.8 倍。可以見到，受惠於增加鋰礦產能，以及售價大幅提升，令 Albemarle 的收入及利潤明顯增長，也提供更多資金讓其持續擴產，捕捉鋰礦的市場潛在增長機會。所以在 2022 年環球股市下跌時，Albemarle 的股價仍然保持強勢。

除了大幅增長的鋰礦外，其傳統的催化劑和高性能化學也保持穩定。其中包括溴業務。公司管理層在 2022 年初指出。其溴業務仍會致力於開發創新型的產品和項目擴張，預期到 2025 年，新產品將佔溴年收入的 10% 以上。在傳統的化工業務增長保持穩定，加上鋰礦開採及加工業務受惠電動車革命，令收入及利潤大幅增長，使 Albemarle 在股票市場一片慘淡的 2022 年間，仍有正回報，更重要的是，公司已連續 27 年提高股息，對於價值投資者而言，Albemarle 也證明長期持有好的公司，除了受惠持續增加的股息外，同時也受惠股價上升，達致「財色兼收」的效果，比起選擇波動大並過份高估的電動車行業，是更穩定的選擇。

圖表 4.4 Albemarle 2021 年至 2022 年股價走勢

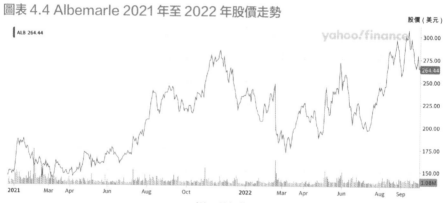

（註：股價截至 2022 年 9 月）資料來源： Yahoo Finance

★★★ 第五章 ★★★
SaaS 將客戶關係變為現金值

5.1 Adobe 轉營訂閱制現金流不斷

電動車周邊業務以外，軟件即服務亦被視為重點增長股板塊。一些公司能被視為 SaaS 新貴，原因在於它們與客戶的關係，從試用開始，到用戶甘心課金訂閱或使用其雲端服務，成為公司源源不絕的現金流。以下我會再分析一些看好的板塊。

相信很多「80 後」都對千禧年電腦軟件盜版氾濫有深刻印象。由於正版軟件價格昂貴，所以衍生出盜版軟件行業，只要破解一些加密檔案後，買家就能使用該軟件的所有功能，加上價格便宜，結果盜版軟件大受市場歡迎，即使執法部門多次行動，仍禁之不絕。其後家居寬頻逐漸流行，加上內地軟件破解技術進一步提高，推出更多免費「綠色版」軟件，重創全球軟件發行行業的收入。

雖然軟件發行商因盜版問題而失去大量收入，不過期間個別線上遊戲公司卻能夠絕處逢生。他們依靠出售遊戲道具及月費獲取收入，甚至免費讓用戶遊玩，只出售服裝及道具賺錢，但也可以吸引玩家。同時，由於遊戲免費，盜版軟件再無價值，而服裝及道具發行則由遊戲商按賬號嚴格管制，用戶難以破解，最終竟然成功打擊盜版商。

在網上遊戲公司得到啟發，在上一章提及過的微軟率先由傳統的「買斷授

火權」過渡至「訂閱」（subscription）模式後，另一家著名的軟件公司 Adobe 也於 2013 年將其招牌軟件 "Adobe Creative Suite" 改為訂閱模式。

節省客戶升級成本

訂閱制度對公司營運有很多好處。例如在發行上，只須向付費用戶配發一條密碼即可，然後用戶可以在網上自行下載相關軟件，對企業而言，無須花費大量人力物力鑽研如何防範軟件被破解，以及發行分銷及打擊盜版等，只要嚴格檢查用戶的密碼是否由公司配發即可，可節省大量成本。

另一方面，過去由於這些生產力軟件約每 3 年升級一次，而每一次升級並非大幅度改版，而是稍為增加一些新功能。對已購買的用戶而言，再付出高昂的價格升級軟件的吸引力似乎不大。結果會出現軟件版本不同的兼容問題，而為了處理兼容問題，每一次升級也不可以大幅度改進，最終會出現版本更新越來越慢，類似「擠牙膏」的狀態，而用戶也越來越不願意付費升級，對企業而言，也代表收入會逐漸下降，更有機會被其他競爭對手超越。

軟件公司仍可以透過升級及推出修補軟件供用戶下載更新，但企業則面對兩難困境：如果更新太多太頻繁，用戶再買軟件升級的吸引力下降，收入難有增長空間；如不更新，用戶有機會面對漏洞攻擊，或軟件更頻繁出現問題，也會影響商譽。

但訂閱制度則令企業解決上述問題。企業能夠即時知道用戶的數目，對後續軟件的開發工作有更明確的預算。同時，由於用戶每月付費，企業可以

即時為軟件更新及加入各種新功能，無須為吸引用戶買新軟件而推遲新功能發布，除了可大幅增加用戶的忠誠度外，也避免被其他競爭對手搶去用戶。

訂閱制提供穩定現金流

微軟及 Adobe 等大型軟件開發商帶頭改變行業的經營模式，雖然在初期受到市場質疑，尤其訂閱模式比過去的買斷模式收費便宜，市場憂慮會影響公司的業績，但最終兩家公司都以優秀的業績吸引投資者，能夠令軟件股「起死回生」，甚至成為其他軟件公司的參考對象。現時，基本上所有軟件及 SaaS 行業公司，都是利用訂閱制作為主要的商業模式。

在 Adobe 的業績中，投資者可以見到，公司的過去數年的收入每年都有約一定一增長，反映公司早年轉型，令公司能夠逐步吸納過好喜用盜版用戶，以及以更便宜的月費開拓了新的家用客戶群。

圖表 5.1 Adobe 2020 年至 2022 年股價走勢

（註：股價截至 2022 年 9 月）資料來源：Yahoo Finance

而對於 SaaS 公司而言，月費收入代表公司每個月都有穩定的經營現金流入，而且隨著用戶群不斷增加，該現金流入的規模也越來越大。據公司披露的數據顯示，截至 2021 年財政年度，Adobe 的經營現金流按年增加 26%，高達 72.3 億美元，撤除資本開支等的自由現金流，更增加接近三成，至 68.82 億美元。

圖表 5.2 Adobe 2018 至 2021 年經營現金流增長
金額：億美元

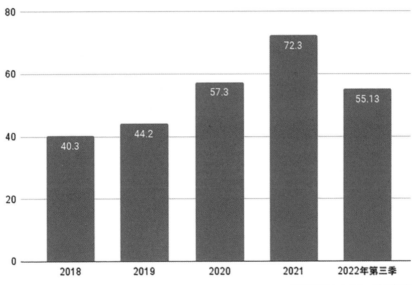

資料來源：Adobe 財務報告

每年高達 70 億美元的現金流入，代表公司可以用很多方法擴充業務，例如增聘研發人員，或透過收購增長。事實上，過去 Adobe 為人垢病的是過度專注於創意軟件，如 Acrobat、Photoshop、Lightroom、Illustrator 及 Premiere Pro 等，但其他類型的軟件則未有優勢。例如早年收購的

Macromedia 並取得 Flash 及 Dreamweaver 等軟件專利，但前者因過多安全漏洞，以及 Html 5 興起而停止營運；後者操作複雜，難以與模組化的 WordPress 或 Wix.com（WIX）競爭。

然而，現時 Adobe 的管理層已正視問題。一方面，公司繼續專注維持其創意軟件的龍頭地位，包括向雲端化發展，並加入人工智能功能 "Adobe Creative Suite" 升級為 "Adobe Creative Cloud"，人工智能在影像編輯及調色功能上大放異彩，令用戶「執相執片」更為方便。雖然目前市場仍有大量免費的影像編輯軟件，但在操作上及 人工智能編輯的質量上，Adobe 仍然在市場上保持領先位置。

收購變審慎助企業擴充

同時，得益於雲端技術發展，Adobe 也開始進軍企業服務行業。Adobe 另一被市場經常使用的產品是 .pdf 文件格式，對比微軟的 Office Word，pdf 檔案在外觀統一、完整性及安全性皆有優勢，在商務及法律檔案都佔有重要的位置。Adobe 近年開拓兩個新的企業應用市場，一個是關於電子簽名的 Acrobat 業務，另一個則是提升團隊工作及協作效率的工具。前者是 pdf 文件格式應用的擴充，並成功與微軟 Office 深度合作，使用者可以在 Word 對文件進行編輯，並直接以 pdf 檔案儲存。Adobe 的雲端服務則確認文件及簽署的真確性，以及協助管理企業大量的法務及會計文件，加強企業營運效率。

至於後者，相當於現時市面上百花齊放的企業管理軟件，Adobe 在該業務上則要面對包括 Salesforce（NYSE：CRM）、Twilio（NYSE：TWLO）

等同業公司的競爭。

最後，Adobe 的收購也開始變得審慎，確保對公司的主營業務有協同效應才會啟動收購建議。公司在 2020 年以 15 億美元收購 Workfront，並在 2021 年以 13 億美元收購影片協作平台 Frame.io。其中，前者是企業工作管理應用程式，可幫助團隊規劃、管理、協作及交付工作；後者則容許團隊合作編輯及整理影片，都對 Adobe 的主營業務有極大的補充，而公司得到這些團隊後，主營業務收入也進一步增加，也反映這兩次收購相當合適地擴大了公司的企業應用業務增長。

影片編輯製作　成未來主業

透過業績的變化，已顯示 Adobe 已成功轉型，由過去的「賣碟」賺錢，但一直面對嚴重的盜版問題而難以發展，到現時靠訂閱費用作為公司的主要業務模式。轉型後的 Adobe，每年業績及現金流都有穩定增長，令公司可以透過開展新業務及併購開展新業務，也給予公司更多試錯空間。

總括而言，公司已經走進長期增長軌道。同時隨著網絡速度及容量持續增加，用戶的觀看習慣已逐漸由文字及圖片升級至影片，YouTubers 數量及影片數量也大幅增加。影片編輯製作是 Adobe 的主要業務之一，故此相信未來幾年，公司會吸納更多用戶，從而令其業績及企業價值持續增長。

5.2 Salesforce
管理客戶關係　數據為王

客戶關係管理（Customer-relationship management, CRM）幾乎是每一家企業都需要處理的頭等大事：與潛在客戶的交流、客戶的喜好及要求、客戶與員工的聯繫、如何有效獲取潛在客戶，得到客戶的成本是多少等，企業都需要分析數據，從中尋找最有效率的推廣及取得客戶的方法。

故此，CRM 就是集合企業所有用戶數據和聯繫的數據庫，而一個運作良好及靈活的 CRM 軟件，對企業發展及獲取客戶是極為重要的事，企業也願意花重金使用它，畢竟可以為企業取得更多生意及賺更多的錢。所以，優秀的 CRM 平台，與企業之間是互利共贏的關係：CRM 平台更有效為企業取得客戶，而客戶更依賴這個平台協助他轉化客戶及收益，從而成為長期客戶，為 CRM 軟件公司持續「課金」。

Salesforce 則是全球最大的客戶關係管理軟件發行商。據中投的研究顯示，Salesforce 佔據全球 CRM 20% 的市場，財富 500 強的公司中，有 83% 的使用它。而根據 IDC 的預測：2019 年，Salesforce 每賺 1 美元，它的全球生態將賺 4.29 美元。而到了 2024 年，Salesforce 每賺 1 美元，它的全球生態將賺 5.8 美元。

然而，CRM 市場具有龐大的市場潛力，為何其他大型的軟硬件公司，如微軟、甲骨文（NYSE：ORCL）等，卻無法阻止 Salesforce 的崛起呢？這就要由 Salesforce 的發展歷史說起。

向 Amazon 偷師　首創「訂閱制度」

Salesforce 的創辦人貝尼奧夫（Marc Benioff），一直在甲骨文工作近 10 年。在 90 年代後期，他有一日在夏威夷度假中，思考著甲骨文的問題：要部署其系統，需要數百萬美元前期費用，並須花數年時間才能完成，而且需要持續付費升級及維護系統，難以令中小企業採用。同時，以亞馬遜為主的科網公司，則利用互聯網技術，讓用戶快速接入及使用其服務，令貝尼奧夫也產生類似的想法：能否將亞馬遜網上書店的技術，套用在企業軟件呢？

度假後，他立刻將想法逐步實現，在 1999 年創立了一家致力於簡化企業軟件操作的新公司，名字就叫做 Salesforce。同時在當時科技行業仍然盛行「付費授權」的商業模式，即要求用戶購買昂貴的正版軟件時，貝尼奧夫則首創「訂閱制度」，也成為全球首家軟件即服務企業，利用更簡單及相對便宜的價格，吸引企業用戶採用，而價格可以根據情況進行調整，穩定的現金流也容許 Salesforce 可長期聘用工程師升級系統及改善功能，避免因軟件滯銷導致業績波動，以及被盜版軟件蠶食利潤。

將 App Store 意念及商標送贈喬布斯

其後，Salesforce 再帶領業界，在 2005 年推出首個應用商店 "AppExchange"，比蘋果電腦的 "App Store" 還要早數年推出。任何人都可以使用該商店開發與 Salesforce 連接的應用程式，並可讀寫 Salesforce 的數據，以及收取費用，吸引更多工程師創立其他應用程式，令 Salesforce 的生態更豐富。

事實上，Salesforce 推出應用商店與蘋果電腦也有關係。在一次貝尼奧夫與喬布斯的會議中，喬布斯向貝尼奧夫提出，Salesforce 必須建立一個應用經濟，最終創立 AppExchange，當時更注冊了 appstore.com 的網址域名——前期的市場研究表明，Exchange 這個字眼較受市場歡迎，故選擇以前者命名。不過，貝尼奧夫後來在 iOS 應用商店的發佈會上，將該域名與 App Store 商標一起贈送予喬布斯，成為現時大家熟悉的 App Store。

可以見到，Salesforce 往往快人一步得悉企業市場的需要，並推出合適的功能及服務，令企業願意長期為其「課金」。隨著越來越多公司的加入，以及舊客戶持續付費，Salesforce 早已擺脫連年虧損的狀態，除了年年獲利外，每年也有強大的現流入，令它在併購市場也成為關注焦點，也成為其他 SaaS 平台上市公司的「榜樣」。

留意併購後的營運現金流

Salesforce 服務似乎已上軌道，但企業對 CRM 的需求將不斷提高，對 Salesforce 是一個可以持續「挖金」的機會。隨著現金儲備增加，公司的

擴張不再依靠內部推出新產品，而是透過併購，將對方的產品及客戶一併收歸旗下。

針對企業的需求，Salesforce 除了在 CRM 上保持競爭優勢外，並持續橫向發展，建立平台，兼顧銷售、服務、營銷等多種 SaaS 服務，整合推 "Salesforce Customer 360" 雲端服務。同時，Salesforce 分別在 2019 年用 157 億美元收購全球著名分析平台 Tableau，並在 2021 年再斥資 277 億美元，與微軟競爭下收購企業聊天軟件 Slack，進一步將這些工具及潛在客戶，都整合公司的核心平台服務中，並打造成「SaaS + CRM + AI 的生態」，為企業提供更全面的服務。

由於 Salesforce 近年多次斥鉅資收購同業，所以近年來會有較多的因合併而出現的無形資產（Intangible Assets）需要持續攤銷，而造成純利（Net Income）的波動。故此投資者應著眼於公司的收入、營運現金流（Operating Cash Flow）或自由現金流（Free Cash Flow）及經調整利潤（Non-GAAP earnings）。公司的收入增長可以反映 Salesforce 的產品是否仍然吸引企業客戶採用，營運現金流或自由現金流則反映公司的現金流入是否穩健，尤其是在經濟轉差及銀行利率上升的情況下，強大的現金流代表公司有更多的「彈藥」及儲備應付公司的日常開支，甚至可以收購具潛力但財務實力不佳的同業，籍此進一步壯大公司業務，整合更多功能及吸收更多客戶。而經調整利潤則可讓投資者理解撤除無形資產及股權激勵後的核心利潤。

圖表 5.3 Salesforce 2020 年至 2022 年股價走勢

（註：股價截至 2022 年 9 月）資料來源：Yahoo Finance

經濟低迷仍保收入穩定

以 Salesforce 2023 年財政年度第一季（即 2022 年 4 月至 6 月），可以見到公司的收入為 74.11 億美元，按年增長 24%，並預期整個財政年度收入增長按年增加約 20%，至 317 至 318 億美元之間。收入增長放緩的原因，與 2022 年因美國聯儲局加息，資金回流美國導致美元上升強勁有關，而公司的美國業務佔其總收入約三分之二，剩餘的三分之一非美國業務，其貨幣匯價下跌，而 Salesforce 以美元結算，對收入造成影響，公司預期有關影響約有 6 億美元，相當於 2% 的增長率。

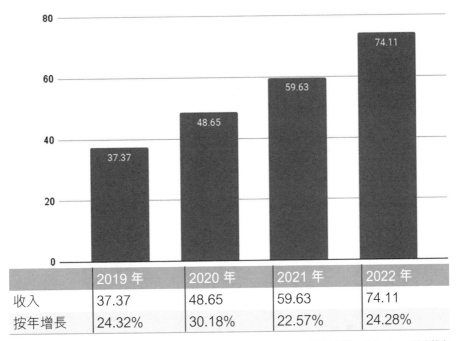

圖表 5.4 Salesforce 2019 年至 2022 年第一季增收入
金額：億美元

	2019 年	2020 年	2021 年	2022 年
收入	37.37	48.65	59.63	74.11
按年增長	24.32%	30.18%	22.57%	24.28%

資料來源：Salesforce 財務報告

故此，如果撤除滙率因素及環球經濟增長放緩影響，公司的收入增長率與過去 4 年平均約 25% 相差不遠，反映即使經濟條件不利時，企業仍須利用這個軟件加強其營運效率，也顯示 Salesforce 的核心競爭力。

而公司的營運現金流及自由現金流則錄得持續增長，分別錄得 36.76 億美元及 34.97 億美元的淨流入，按年增加 14%，顯示在歐美經濟開始放緩下，仍能獲得大量現金；而公司持有約 135 億美元現金，意味有足夠「彈藥」捱過任何經濟突發狀況，以及充足資源進行併購。

純利方面，雖然僅得 2,000 萬美元，較去年同期的 3.54 億美元大幅減少超過 9 成，但大部份與股權激勵及無形資產攤銷等非現金項目有關，若撇除這些非現金開支，公司 2023 年財政年度第一季的經調整利潤為 13.08 億美元，較去年同期的 12.06 億美元稍微增加約 8.5%。

衡量估值與增長是否匹配

總結而言 Salesforce 的業務增長穩健，並錄得淨現金流入，而公司現金儲備充足，反映其業務已上軌道，是一家主要服務企業，具核心競爭力的「現金牛」企業，即使面對經濟逆境，仍能從企業中取得更多收入，也有足夠的儲備，待時機適合，便可進行併購，透過協同效應獲取更多回報。

Salesforce 作為 SaaS 平台服務商的先行者，其成功的發展歷程，都是同業參考及模仿對象，但有趣的是，2022 年科網股出現大幅調整，連 Salesforce 這類優質企業也無一倖免，股價也一度下跌超過一半。然而，以公司預期 2023 年財政年度經調整每股利潤（Non-GAAP earnings per share）為 4.75 美元，及股價約 150 美元計算，公司的市盈率有 31.5 倍，而 2023 年財政年度首季經調整利潤增長率約 8.5%，以市盈增長率（PEG）計算，明顯小於 1，故此 Salesforce 是好公司，但投資者仍須留意其估值及增長速度是否匹配，也須綜合考慮美國市場環境，以決定部署時機。

5.3 Snowflake
雲端新勢力 獲股神加持

雲端技術或軟件即服務行業被市場歸類為高新科技行業。在 2020 年疫情期間，市場認為隨著全球各國封城、社交距離限制及居家工作等政策推行，對雲端技術應用需求大幅上升，而多家雲企業及經營數據中心的公司業績都大幅造好，加上環球放水等宏觀因素促進股市發展，天時地利人和俱佳，造就這個行業出現一波大牛市，也吸引同業公司趁這時機上市，改善公司財務質素。

Snowflake（NYSE：SNOW）這家在 2020 年 9 月上市的企業，名字對投資者來說相對陌生，但卻是「股神」巴菲特愛股之一，上市後至今仍持有公司近 2% 股份。更重要的是 Snowflake 令巴菲特「破戒」，首次在公司 IPO 時購入股票，成為基石投資者，可見他對這家公司的信心，故此值得仔細研究這家雲端服務供應商，以了解為何巴菲特對這家公司寄與厚望。

行業上，企業資訊科技及網絡保安等基礎建設，已逐漸向雲端遷移，例如採用亞馬遜的 AWS、微軟的 Azure 或 Google 的 Google Cloud 等公有雲（Public Cloud），提升效益及令企業數據更安全。當越來越多數據在數據中心儲存後，就可以利用各種算法及程式，去提取更有用的資料，例如企業的營運數據與行業的平均作為比較，分析各家分店的銷售額、客戶群的消費習慣、哪些產品較有口碑及較高的出貨量、供應鏈各個環節的運作

情況等，都可以直接透過雲端進行分析，並即時向管理層作出反映，從而令企業營運更有效率。在企業角度看，雖然 IT 成本有增加，但效益及業績有更大程度的提升，也無須承擔高額 IT 基建成本，利多於弊，故也樂於將更多數據向雲端遷移。

然而，雲服務已被亞馬遜、微軟及 Google 等巨企入場，而傳統的伺服器廠商甲骨文及思科（NASDAQ：CSCO）也轉型發展雲基建，加上 Salesforce 強勢發展客戶關係管理服務，都佔據雲服務大量業務空間。那麼，Snowflake 的優勢在哪裡呢？

雲數據業務分割運算及儲存

Snowflake 的業務是「雲數據倉庫」，利用亞馬遜、微軟及 Google 等大型企業提供的公有雲，儲存客戶的數據，並利用自行研發的各種人工智能等演算法，以及推出各種分析工具等一站式後台服務，令客戶能夠更方便地了解公司的營運表現。同時，Snowflake 將運算及儲存服務分離，為客戶提供更大彈性的收費，相當於劃分成不同大小的「倉庫」，可以按需求調動更高的運算力，來處理高數據量分析的項目；而無須高運算能力的項目，則可安排在費用更低的「倉庫」中，讓企業更節省成本。

另一方面，Snowflake 做到跨雲服務平台處理數據，個別大型企業為應付龐大數據及將數據分散到不同數據中心作備份，建立在多個雲平台的 Snowflake 則可成為統一軟件，協助企業將數據快速運算及整理，這也是其他數據中心營運商難以做到的事，為 Snowflake 贏得核心競爭優勢。

對於雲端企業而言,一旦客戶習慣企業提供的工具,並培訓出一批熟練的員工後,轉去其他同業的機會使會降低,因為資料遷移及員工學習成本會大幅提高,後期「轉會」並不化算。由於雲端企業客戶留存率偏高,故此投資者可以見到,雲端企業的營業額都會穩定地以跑贏市場的速度增長,所以真正要留意的數據,反而是營運成本、現金流及預期扭虧為盈的時機三項重點。

創辦人專注技術「外判」CEO

Snowflake 兩名創辦人 Benoit Dageville 和 Thierry Cruanes，都在甲骨文做了十多年數據工程師。在 2012 年的某一天，兩人下定決心創業，在雲端建立數據倉庫，並找來曾在 Google 和微軟做實習工程師的 Marcin Żukowski，共同創立 Snowflake。三名創始人只專注技術，並將管理責任「外判」，找職業經理人做 CEO——風投公司 Sutter Hill 的總經理 Mike Speiser，善用隱藏模式（Stealth Mode）逐步邀請特選企業試用其服務。一方面是為累積企業客戶；另一方面是數據量可控，避免因事故造成大量用戶流失。更重要的是，由於雲服務巨頭或有機會直接參與競爭，扼殺初創公司的發展空間，隱藏模式可避免在創業初期就引起巨頭們的關注。

當累積到一定用戶群後，首任 CEO「功德圓滿」，次任 CEO 是 Bob Muglia，曾是微軟的執行副總裁，分別負責 Microsoft Office，Windows Server 及 MSN 等產品。他任內協助 Snowflake「出關」，由隱藏模式到「漸露頭角」，逐步在業內打響其品牌知名度，並吸納大批客戶，期間 Snowflake 獲取了包括 Netflix（NASDAQ：NFLX）及 Office Depot 等 1,000 個客戶，也協助公司完成 9 億美元的 C 輪融資。

而目前擔任 Snowflake 的 CEO，則是著名的職業經理人 Frank Slootman，曾在 6 年內將 ServiceNow（NYSE：NOW）的年收入，由 7,500 萬美元大幅增加至 15 億美元，並協助公司完成上市。

營業額增長　經營成本同上升

對客戶來說，與投資者對雲端企業的理解相若，知道雲端企業重要，但難以分辨哪家公司的技術實力及與客戶溝通會更好，習慣上會找一家報價更便宜的企業試用（也就是「逆向選擇」或「劣幣驅逐良幣」的理論）。面對客戶的觀點，雲端企業公司只能順應其想法，先以低價吸收新客，待客戶感到滿意，並開始習慣使用其軟件時，才開始慢慢加收訂閱費用。結果，在財務報告上，投資者會見到雲端服務商收入增長快，但營運成本，尤其是分銷推廣的成本增長會更快。所以，根據 Snowflake 的財務業績，投資者可以見到，隨著營業額的增長，經營成本也持續上升，結果每年的虧損也不斷增加。

圖表 5.5 Snowflake 2020 年 9 月上市後股價表現

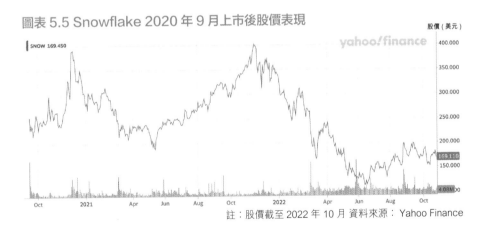

註：股價截至 2022 年 10 月 資料來源：Yahoo Finance

不過，值得留意的是公司的毛利率持續上升，而開支佔比則持續降低。所以，雖然每年的虧損不斷上升，但虧損率實質上則是每年下降。

Snowflake 毛利率上升，相信與公司的規模效應有較大的關係。畢竟新舊客戶所需的雲端功能大致相若，擁有更多的客戶，收入增加，但產品功能無須每名客戶度身訂造，也可以攤薄訂閱公有雲的成本。

留意開支佔比及客戶數據

而開支佔比下降則更值得投資者注意。2022 年初全球持續加息，市場憂慮美國及全球經濟有機會放緩甚至衰退，企業開支也會變得審慎，也會更為嚴控後台開支。故此，開支佔比下降可能反映 Snowflake 向老舊客戶減少優惠，也可能反映公司開始為未來有機會出現的經濟衰退情況早著準備，減少用「燒錢」的方式搶奪新客戶。在經濟衰退期間，會有很多企業無法撐過去而被逼結業倒閉，假如現時仍不考慮客戶的質素，先搶客戶再問收入的話，一旦低質素企業破產，無法收回款項，對服務供應商而言是得不償失。

故此，投資者也需要留意到底 Snowflake 有沒有公布其新增客戶數據，以及該數據的季度變化。公司則給予投資者一項名為淨收入留存率（Net Revenue Retention Rate），該比率反映現有企業用戶該季度的消費額，較去年同期的增長速度。如有關比例越高，反映企業持續向 Snowflake「課金」的意願越高，據公司 2022 年第二季度的業績顯示，其淨收入留存率高達 171%，而過去數季也維持在 170% 左右，反映其業務能夠驅使企業客戶長期付費。對比大數據分析公司 Palantir 於同期，淨收入留存率約為 110%，可見 Snowflake 在轉化客戶「加碼課金」的能力更為強勁。

另一方面，公司的客戶數目也持續上升，總客戶數目按年增加近 40%，而入選「福布斯全球 2000」的企業，有 506 間成為其客戶，按年增加 22%，可見客戶群持續增加，而每名客戶付費意欲也不斷加強，Snowflake 的收入在未來一段時間內仍可持續增長。

圖表 5.6 Snowflake 2021 年 7 月每季客戶數據

	2022 年			2021 年	
	截至 7 月 31 日	截至 4 月 30 日	截至 1 月 31 日	截至 10 月 31 日	截至 7 月 31 日
總客戶人數	6,808	6,332	5,965	5,430	4,996
淨收入留存率	171％	174％	176％	171％	169％

資料來源：Snowflake 財務報告

隨著業務增長達致規模效應，毛利率也有上升，由 2021 年度的 69%，增加 6 個百分點至 75%，開支佔比也大幅縮小，經調整自由現金流（Ajusted Free Cash Flow）佔收入比例，也由 2021 年度的 -12%，由負變正兼大幅度增長，達到今年首季的 43%，反映隨著更多企業客戶的免費試用期完結後，開始「課金」參與，令公司的現金流入狀況大幅度改善，即使利潤仍未扭虧為盈，但公司已能靠其現金流入維持，相信即使環球經濟不景，也能夠持續獲得足夠資金經營。

可比較與業務相似的同業

雖然 Snowflake 聲稱自己不屬於 SaaS 企業，而是「數據雲」（The Data Cloud）企業，並指是下一個雲端企業發現展的趨勢，而公司則成為領導數據雲的龍頭之一。不過如果將其股價表現，與其他市值相若的 SaaS 企業比較，就會發現 Snowflake 的走勢與仍未盈利的 SaaS 行業走勢大致相似，例如同樣主打數據與分析服務的 Docusign（NASDAQ ： DOCU）或 Twilio。

圖表 5.7 Snowflake 與 Docusign 2021 年至 2022 年股價走勢

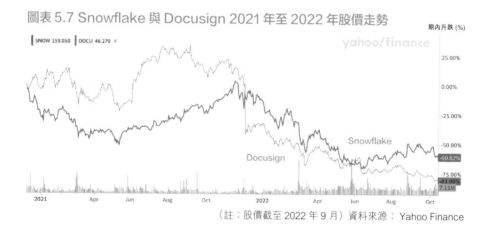

（註：股價截至 2022 年 9 月）資料來源： Yahoo Finance

180

圖表 5.8 Snowflake 與 Twilio 2021 年至 2022 年股價走勢

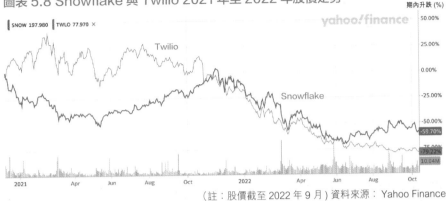

(註：股價截至 2022 年 9 月) 資料來源：Yahoo Finance

投資者能夠理解公司業務，固然是好事。但個別雲服務或 SaaS 平台針對的客戶及服務則較難讓大眾理解，也有一些企業管理層故意發明新口號的原因，可能與巴菲特的「護城河」理論太過深入民心有關，只要搶佔新口號，然後強調自己是龍頭或具壟斷地位，有機會吸引更多價值投資者的注意，同時避免與巨頭競爭的印象，對維持股價及推高估值皆有好處。

故此，投資者無須太專注解讀每一家公司仔細的業務差異，反而可以嘗試將業務及股價走勢相似公司一併組合研究，以反映市場的歸類，再比較它們過去一段時間股價的升跌幅，籍以了解綜合中哪些個別企業較受資金歡迎，在行業內擁有超額收益，然後針對性研究這個「資優生」，也是一個精簡時間的選股技巧。

事實上，Snowflake 業務增長仍然相當理想，企業持續「課金」之意願強勁，也見到企業在 2022 年環球經濟放緩期間，已實現自由現金流淨流入，避免過度「燒錢」而令投資者不安，並力求爭取盡快轉虧為盈的目標。不過，由於市場繼續認為公司與一眾雲端概念股相差不遠，故此仍屬於高增長板塊，在環球加息「收水」期間，股價表現會跑輸價值股。然而，一旦美國加息周期完結，收入持續增長、並有機會實現盈利的 Snowflake，股價則有較大機會率先跑出。

★ ★ ★ 第六章 ★ ★ ★

從硬件到晶片
進軍元宇宙潛力股

6.1 蘋果電腦 自行研發 AR 裝置

在此書的前部份，主要介紹蘋果電腦作為「價值投資」看待，公司的強勢無需再重覆，在這裡已另一面向分析蘋果電腦的可能性。據調查機構 Counterpoint Research，蘋果電腦的手機在 2021 年的第二季度的出貨量約 4,890 萬部，佔全球手機出貨量 3.29 億部的 14.8%，不過卻佔全球約四成的手機收入，並獲取全球手機市場 75% 利潤，反映其手機能夠以較高的售價出售，從而獲得較高的毛利及利潤，並有大量資金投資其他新技術，吸引新用戶及讓舊用戶持續換機升級；反之其他品牌的手機只能用低價爭取市場，即使取得更大的市場規模，但仍難以盈利，蘋果電腦的競爭優勢越來越大。

隨著用戶增長，對應用程式的需求也越來越多，同時由於蘋果電腦的 iOS 系統封閉，一般用戶難以安裝盜版軟件，驅使應用程式商店 App Store 的規模及生態越來越蓬勃，成為蘋果電腦收入增長的另一引擎。蘋果電腦的手機用戶越多，應用商店開發商也紛紛在 App Store 發布其產品，由文書處理軟件到遊戲、影片串流應用程式等，吸引用戶下載及付費。當用戶有更多應用程式選擇，並習慣使用 iOS 系統，就更難「轉會」使用其他手機，成為蘋果電腦的忠實用家。

軟硬合一　增加自研晶片比例

近年來，蘋果比較明顯的發展方向是增加其自研晶片的比例。由過去集中開發手機「A 系列」處理器，其他傳感器、天線及存儲器晶片都向外部採購，到現則開始加入一些具蘋果電腦特色的晶片，除了較為人熟知、用於 MacBook 及 iPad 的「M 系列」中央處理器及用於 Apple Watch 的「S 系列」一體化晶片外，也有其他功能晶片，包括用在筆記本電腦 MacBook 的「T 系列」保安晶片、用在無線耳機 Airpod 的「H 系列」藍牙無線音訊晶片等。可以見到，蘋果電腦的核心競爭力及其知識產權，開始由「軟轉硬」，由設計、軟件上的操作系統等，慢慢轉移至更高效能晶片設計上。

問題是，由 WinTel 時代（即由微軟的 Windows 作業系統與英特爾處理器所組成的電腦平台，由 80 年代起成為主流）起，「軟硬分家」幾乎是整個資訊科技行業的共識，尤其是見到日本「全生態」的電子製造產業，如 Sony、聲寶（Sharp）及東芝（Toshiba）等式微，連英特爾晶片自研自產模式，近年來都無法與晶片研發及生產分家的 AMD（NASDAQ：AMD）與台積電（NYSE：TSMC）競爭時，為何蘋果電腦偏偏走回舊路，甚至逆勢而行，再次選擇將「軟硬合一」呢？

個人認為，這是與手機銷售增長到頂，以及蘋果電腦未來的發展向方有極大關係。事實上，當全球大部份手機用戶已轉用智能手機後，用戶快速更換及升級手機的意欲開始減弱；另一方面，智能手機未來的技術突破空間也不大，目前較多廠商關注的是「摺機」技術，以加大屏幕闊度，從而給用戶更大的操作空間。然而，這類手機一般重量較大，而且將屏幕打開，也令手掌較細的人，操作上帶來不便，故可能成為小眾的高階產品，難以進一步普及。

探索 AR 頭戴式裝置之發展

所以，在蘋果電腦的角度考慮，iPhone 銷售增長有機會緩慢，甚至見頂，其他產品線如 MacBook、iPad、Apple Watch 及 AirPods 等業績都無法超越 iPhone，若沒有補充其他產品，蘋果業務增長將會放緩，也會影響市場對公司的估值，最終也會令股價下壓。

要保持收入及利潤增長，就要持續發布受市場歡迎的新產品。事實上，蘋果電腦 2021 年財政年度高達 200 億美元的研發開支，也説明公司不遺餘力地累積技術實力，並持續開發新產品。綜合目前媒體曝光的資料，蘋果電腦對「元宇宙概念」的增強實境（AR）頭戴式裝置，以及完全自動駕駛的無人車系統有較大的興趣；也有消息指出，蘋果電腦有機會在未來一兩年內推出頭戴式裝置，有指這款設備將會被命名為「Reality One」。

頭戴式裝置的推出，與過去數年蘋果密集式推出各種不同的晶片，並應用在自家產品上是否有關係？個人相信答案顯然易見。例如頭戴式裝置，用戶的眼睛與屏幕非常接近，故此需要極高的屏幕解析度以及更新頻率，對影片、圖像的精細度也大為提高，也需要更快及更有效率的處理器及數據傳輸系統。蘋果近年推出的「M 系列」中央處理器，其中的 M1 Ultra 功能強勁，似乎其他硬件廠商也無法匹敵。據蘋果表示，M1 Ultra 進行多執行緒任務時，效能表現比市場上最快的 16 核心 PC 桌面電腦的晶片高出 90%，並能少 100 瓦特的電力，達到 PC 晶片的最高效能；其內置的 GPU 與最高階獨立 PC 電腦 GPU 相比，可提供更快的效能表現，同時少用 200 瓦特電力，更能夠同一時間播放多達 18 段 8K ProRes 422 影片串流等，都是其他廠商的晶片無法實現的功能。

M1 晶片為元宇宙世界先行者

為何蘋果需要自行生產效能如此強勁但昂貴的一體式晶片 M1 Ultra？然後放在並非業務主力的電腦市場出售？在商業世界似乎並不合理。然而，如果這塊晶片是用作未來推出的 AR 頭戴式裝置時，利用 MacBook「試水溫」，兼讓軟件開發者試用 M1 Ultra，為未來的「元宇宙世界」先行建設的話，則顯得十分合理。

事實上，要處理更精細的圖像，相信利用現時的「A 系列」晶片也顯的吃力，但如果沒有「M 系列」晶片的補充，意味硬件上會繼續受外部廠商限制：需要採用英特爾的中央處理器、英偉達（Nvidia）的顯示卡、以及大型笨重的主機板連接兩者，效能及傳轉效率較慢。同時，由於兩家公司的

專業有別，聯合兩家公司生產一套符合蘋果要求的硬件，可謂難上加難。更重要的是，十多年前蘋果開放 App Store 後，由於 iPhone 成為用戶最常使用的產品，而其核心指令集是採用 RISC（reduced instruction set computer）架構，與英特爾採用的 x86 指令集並不兼容，蘋果最終在用戶及軟件開發商的選擇，以及成本角度考慮下，決定逐步過渡至 RISC 架構，畢竟如果手機及其他電子裝置採用兩套指令集，代表開發商需要為同一款軟件編寫兩次程式，開發及維護成本將大幅增加，對開發商並不友善。

雖然將蘋果產品統一 RISC 架構，意味必須自行設計晶片，但卻容許軟件開發商可跨平台，將其軟件應用在蘋果不同產品上，省卻大量開發時間；用戶也無須因為沒有其他擴充功能，而傾向保持觀望，最終蘋果、開發商及用戶都能夠得益。這也是為何近年來蘋果情願花巨資研究，熱衷自行開發晶片的原因。

對比現時蘋果的手機競爭對手，他們只能寄望高通（Qualcomm）能夠開發一款能夠媲美蘋果「M 系列」的中央處理器，才能有機會在 AR 頭戴式裝置上，與蘋果稍為有競爭機會。然而，目前高通仍專注開發手機處理器，低耗高效的「M 系列」似乎仍未受任何威脅。換言之，只要蘋果推出 AR 頭戴式裝置，基本上沒有其他手機廠商在短期內有能加與其競爭。

至於微軟及 Sony，雖然有製造高運算效能的遊戲主機（PlayStation 及 XBox），或可用作 AR 裝置與蘋果一較高下。然而，這兩部遊戲主機的核心，都是利用 Nvidia 的顯示卡，微軟及 Sony 的貢獻並不大，而且這兩部主機都需要利用交流電才能運作，反映只能在室內定點操控，無法靈活地成為便攜的裝置。這也解釋為何兩款遊戲主機都加入移動感測配件，但仍

第六章：從硬件到晶片　進軍元宇宙潛力股

然無法實現元宇宙概念，原因就是只能室內定點應用，除了少量遊戲可供操作外，再無其他應用空間。故此，一旦 AR 頭戴式裝置正式上市，即使遊戲主機能提供相應的解析度，但欠缺靈活性則令它們難以與蘋果競爭。

自研晶片耗量更少裝置更輕

雖然目前也有一些廠商已推出虛擬實境（VR）沉浸式頭戴裝置，但從外觀上似乎是「將電腦放在頭上」，這些廠商無法自行開發晶片，只能組裝現有的高級晶片，以實現相對流暢的 VR 體驗。然而，這對用戶並不友善。現時的高級晶片非常耗電，所以 VR 裝置需要連接電源或笨重的電池，明顯影響使用體驗，如果將晶片放在頭戴裝置上，更有機會影響用戶頸椎。反之，蘋果的「M 系列」晶片，已在 iPad 及 MacBook 證實只耗用少量能量，即使放在 AR 頭戴裝置，重量也不會顯著增加；而其「H 系列」藍牙無線音訊晶片，或會讓用戶使用 AirPod 即可感受沉浸式聲效，進一步減輕 AR 頭戴裝置的重量，令用戶戴上這個裝置後一段時間，也不會產生不適感，才能享受 AR 及元宇宙帶來的新體驗。

由此可見，只要蘋果推出 AR 頭戴裝置後，將會對元宇宙的定義及標準豎立其標竿，其他競爭對手，要不重新，要不就需要深度合作，以推出足以與蘋果匹敵的晶片。但無論如何，由設計到開發及生產都要一段時間，而這段時間足以讓蘋果在全球「插旗」，成為元宇宙中的一名重要參與者，甚至是「老大哥」了。

AR 頭戴裝置後，下一個被媒體多次談及的是具自動駕駛功能的無人車，也就是「Apple Car」。我認為 Apple Car 短期內仍會「只聞樓梯響」，

原因是蘋果的理念並非「人有我有」，而是必須拿出其認可的技術，以得到用戶的支持及「課金」，並成為這個業務的主要參與者。由以前的 Mac、iPod，到現時的 iPhone、iPad、Apple Watch 及 Airpod 等，只要產品一出現，都會對當時的主要對手構成衝擊。個人根據上述的分析，也相信 AR 頭戴裝置推出後，由於市場上幾乎沒有對手能夠在消費者市場匹敵，故此也能夠承襲蘋果的傳統。

發展 Apple Car 進程仍遙遠

然而，Apple Car 現時可以拿甚麼技術出來「輾壓」對手呢？以 Tesla 為例，其仍在簡報上發布的「PPT 電動超跑」Roadster，汽車性能已非常強勁，包括極快加速及過千公里的續航距離，蘋果應否用汽車性能與 Tesla 比併？但更佳速度及續航，消費者似乎已無感覺，因為在道路行駛，需要遵守交通規則，即使性能如何優秀，也只會對少量愛炫耀的用戶感興趣，對大部份車主而言，可負擔開支兼物超所值的「特選經濟」（Premium Economy）消費品，對他們的吸引力更大，例如寬敞、實用、簡約、相對便宜的燃料費用等。故此在汽車性能方面，對蘋果來說已沒有太多提升空間，如果沒有其他新技術，蘋果也難以在眾多著名汽車品牌中順利跑出。

如果在自動駕駛中著墨，則正如我在第五章所言，需要人工智能更安全的駕駛數據，以及更清晰的法規來處理因無人駕駛引致意外的責任問題，這除了大量的研發工作及長時間獲取數據外，也同樣需要大量時間處理政府及民間的游説工作，説服社會接受無人駕駛出現的意外，以及梳理出現事故的責任問題等等。

另外，過去十餘年智能手機的發展，讓汽車製造業明白，如果過於樂觀地與科技公司合作，拋棄自身的市場優勢，最終有機會成為科技公司的附庸，科網公司與蘋果及 Google 會賺大錢，而其他手機製造商則在「紅海」競爭。所以現時主流的汽車製造商都傾向拒絕與科網公司共同合作，意味如果科網公司要造車，目前必需自行興建車廠，換言之，除了龐大的研發成本外，更須在前期付出巨額資金，一旦建造的汽車無法在市場上熱銷，有機會危及企業存亡，尤其一直以輕資產營運的科網公司而言，在單一業務上花費大額資金，與賭博無疑，並非理想的商業模式。

目前，蘋果手機的主要代工商鴻海表示有意進入汽車生產業務，似乎是為手機銷量增長停滯而轉型，並有機會接受蘋果的訂單，畢竟兩者合作有長遠的歷史，但現時鴻海仍在選址及準備建廠階段，也反映蘋果短期內推出所謂的 Apple Car 機會不大，故此無須過度憧憬或過份樂觀地認為，蘋果短期會推出 Apple Car，並快速進佔汽車市場前列位置，反而應多花時間了解元宇宙的發展，以及一旦蘋果推出其 AR 頭戴式裝置後，會如何再次改變世界。

研發費用持續增長

據蘋果截至 2021 年 9 月的財政年度，受惠環球疫情推動居家辦公，公司收入為 3,658 億美元，按年升 33%，但隨著環球經濟增長放緩，用戶減少消費電子產品開支，令公司收入增長大幅放緩。在 2022 年多個季度，公司的收入僅以單位數的增長。

同時，iPhone 仍繼續成為蘋果最主要的收入來源。截至 2021 年 9 月的財政年度，超過一半以上的收入由 iPhone 貢獻，其次為 App Store 等服務收入，佔收入約兩成。Apple Watch、Apple TV 及 AirPods 等可穿戴及家庭服務，Mac 電腦及 iPad 則分別佔公司約一成收入。換言之，蘋果的增長，至今仍然依賴 iPhone 的銷量變動。

蘋果的研發費用持續增長，由 2018 年的 142.36 億美元增加至 262.51 億美元，平均每年增長約 15%，並佔公司總收入約 6%，可見公司為投資新科技及新技術，而不斷投入資源。

圖表 6.1 蘋果電腦 2020 年至 2022 年研發開支
金額：億美元

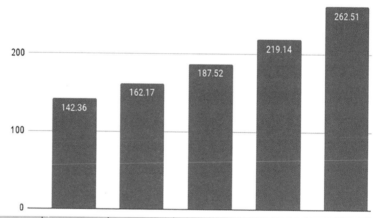

	2018 年	2019 年	2020 年	2021 年	#2022 年
研發費用	142.36	162.17	187.52	219.14	262.51
佔公司總收入 (%)	5%	6%	7%	6%	7%

（# 註：截至 2022 年 9 月 24 日）資料來源：Yahoo Finance

第六章：從硬件到晶片　進軍元宇宙潛力股

市場預期，未來一兩年，蘋果將會正式推出其 AR 設備「Reality One」，投資者樂觀相信，屆時元宇宙將正式成為消費級市場，或會引起新一輪搶購潮，有機會擠下 iPhone，成為蘋果貢獻最大收入的產品。如果憧憬成真，對蘋果來說，AR 設備有機會讓公司增加約 2,000 億美元的營收，收入及利潤規模都會大幅度增加，對 Apple 股價也有更大的推動作用。

如果以較為持平的態度作預估，加上蘋果由 CEO 庫克主政後推出的兩款新產 Apple Watch 及 AirPods，佔公司總收入約兩成，則 AR 設備「Reality One」推出初期，預期會佔公司收入約一成以上，對股價也許會有提振作用，但未必夠大，公司 股價容易受外圍環境以及投資者由樂觀轉為現實等影響，甚至有機會拋售，導致如產品需求與市場預期相若，未見突破性炒作，短期內股價甚至有下跌的空間。至於 Apple Car，由於對該產品的性能及推出日期都未有確實數據，故難以對該產品作出估值換言之，目前市場關注蘋果 iPhone 的銷售表現，並對 AR 設備「Reality One」充滿期待，故此在 2022 年環球股市下挫時，蘋果仍然能夠成為散戶「愛股」之一，並有強勁的抗跌能力。然而，一旦 iPhone 銷量不佳，或其 AR 設備不斷延期推出，或推出後有各種問題令需求心慘淡，差過市場預期等，都者會使蘋果股價出現較大程度的下跌，直至 iPhone 或 AR 設備銷售重新上軌道，有明顯改善，才能令股價重新復甦。

仍有空間改進 AR 裝置 對手難追趕

雖然蘋果現時也處理業務轉型的位置，然而以其規模及影響力，未來數年在各項硬件產品及 App Store 上的收益，仍能為蘋果帶來源源不絕的現金。

雖然環球經濟增長放緩，或會令消費者延長更新其電子設備的時間，對蘋果的業務或會構成一定影響，但公司的現金流以及現金儲備仍然保持強勁，代表公司已有足夠實力及資源面對一切不利的經濟逆境，其防守力極為優秀。

市場期待蘋果或會在短期內推出 AR 頭戴式裝置，並開始主導元宇宙概念的發展，該業務的憧憬令公司的股價及估值提升。但如果蘋果延期推出，或推出 AR 頭戴式裝置後市場反應轉差，則會使蘋果的股價在短期內下跌。但必須留意的是，以目前的技術而言，相信除了蘋果以外，其他科網巨頭暫時也難以設計一個運算能力強大而又非常靈活的裝置，讓用戶可以隨時隨地使用 AR 服務。故此，除非短期內出現能夠在元宇宙硬件設備與蘋果匹敵的競爭對手，否則蘋果仍有時間不斷進行升級調整，令 AR 頭戴式裝置更貼近用戶的需求，最終仍能打開新業務。作為長期價值投資者，短期的股價波動，在長期而言或許是入市的良機。

6.2 微軟
加強客戶元宇宙體驗

微軟早年依靠著與英特爾的「WinTel 聯盟」，軟硬合作，近乎壟斷全球個人電腦市場。然而，當兩家公司成為巨無霸跨國企業，What's next 的重擔也隨之而來。於是，英特爾的晶片開發進度越來越慢，每次產品升級，運算性能只有少量提升，被用戶笑稱為「擠牙膏」，慢慢在 CPU 晶片設計上被 AMD 體追貼，晶片製造也被台積電超越。英特爾固守其複雜及耗能的電腦程式指令，也令其晶片難以用在輕便的手機上，結果高通（NASDAQ：QCOM）等廠商，利用獲 ARM 授權的技術，成功設計適用手機的晶片，成就智能手機時代，而「老大哥」英特爾卻狠狠地被踢出局。

至於微軟，成為巨無霸後一直利用其優勢，但在視窗 98 中預載 Internet Explorer 網頁瀏覽器，差點被網景（Netscape）用反壟斷法「拆骨」。同時，由於缺乏發展方向，但又擔心其他科網公司突然壯大，被反客為主，便往往胡亂投放資源：見 Sony 及任天堂遊戲生意增長強勁，於是發展 Xbox 遊戲主機業務，同時也開發電腦遊戲業務。見流動電話及電子手賬開始流行，於是開發了電子手賬系統軟件 Windows Mobile，也持續向企業客戶提供越來越多技術支援。

業務散亂　難以整合資源

然而，業務過於散亂，令企業內部難以溝通及整合資源，開發進度緩慢，難與集中單一業務的競爭對手比併；同時，由於微軟仍然使用一次授權方法銷售軟件，令破解授權的盜版軟件猖獗，形成軟件版本眾多，漏洞叢生，電腦病毒橫行，微軟難以取得收益外，也嚴重影響用戶使用體驗。

隨著 Google 把一切服務互聯網化，推出 Chrome 網頁瀏覽器，逐步趕走運作緩慢的 Internet Explorer，並吸引微軟用家使用 Google 搜尋服務，大幅增加廣告收入。而智能手機迅速發展，令 Google 的 Android 免費系統軟件大受手機廠商歡迎，反而突顯微軟的電子手賬系統軟件 Windows Mobile 容量大、反應緩慢及封閉，同時由於智能手機盛行，WhatsApp、Facebook 等專注手機的社交軟件迅速崛起，令微軟另一用戶群眾多的電腦軟件 MSN Messenger 逐漸被冷落，即使曾經斥巨資收購 Skype 也難扭轉敗局。

為扭轉頹勢，微軟急速開發新手機系統軟件，以求在智能手機市場佔有一席之地，並以天價收購諾基亞（Nokia），以避免出現系統軟件開發完成，但無手機廠商使用的窘境。然而，當微軟有「親生仔」後，其他手機廠商合作會否公平則成疑問，加上使用者體驗、用戶群及應用程式支援等也成為手機廠商、程式開發者及用戶的考慮重點，結果反應一般，最終僅由諾基亞單打獨鬥，結果未能逃過被淘汰的命運，同時令微軟錄得有史以來最大的商譽減值。

曾經叱咤一時的科網公司巨無霸微軟，也因策略連番失誤而逐漸被投資者

公司 ZeniMax Media，取得《上古卷軸》、《異塵餘生》等經典遊戲的版權，坐擁全球角色扮演遊戲（RPG）市場的半壁江山。近期則計劃以 687 億美元高價收購擁有《暗黑破壞神》（Diablo）、《鬥陣特攻》、《魔獸世界》、《使命召喚》（Call of Duty）、《Candy Crush Saga》等著名遊戲版權遊戲大廠動視暴雪（ATVI），進一步豐富微軟的遊戲組合，為未來的元宇宙世界鋪路。

企業服務則是微軟另一看重的業務。除了雲服務 Azure 迅速發展，與亞馬遜的 AWS 及 Google 呈「三強鼎立」之勢外，微軟也按企業的需要，不斷補足其他功能，例如在以 2016 年以 262 億美元高價收購企業社交平台 Linkedin，而在 2018 年則以 75 億美元，收購軟件程式編寫協作平台 Github。為與企業溝通軟件 Slack 競爭，自行開發類似的企業軟件 Microsoft Team 程式，並隨 Windows 安裝。而為加上公司的語音辨識功能，2021 年 4 月宣布以 197 億美元收購全球對話式人工智能和雲端臨床智慧服務龍頭企業、曾協助蘋果 Siri 語音助手提供語音辨識引擎的 Nuance。這些收購，都為企業客戶及微軟自身有更強大的軟件即服務功能，協助企業用戶在員工溝通、針對專業人士進行宣傳及招聘，更快了解語音及文章內容，以及坊間程式開發的潮流，而微軟則掌握當中的重要數據，可以逐步開發這些潛在市場，令收入及利潤持續增長。

當一家公司，具備全套操作系統開發功能，也擁有市場多款玩家最多的遊戲，並吸納越來越多的政企用戶使用，加上由設計 Xbox 遊戲主機、收購 Nokia 及自行開發 Microsoft Surface 系列電腦，已涉獵硬件開發及與不同供應商取得聯繫，已逐漸具備建立元宇宙的條件及技術。在 2015 年 1 月，微軟首次發布其擴張實境（AR）裝置「HoloLens」，採用先進的感測器、

用程式不足，對一般消費者而言，使用智能手機比 HoloLens 更佳及更具優勢，那麼，為甚麼要花更多的錢，去買一款用途不大的電子產品呢？在蘋果電腦的角度，其開發產品的宗旨是能夠為一般消費者提供較為優越的使用體驗，所以不惜斥巨資，自行研發及建立各類型晶片，令蘋果最終能夠自行開發運算效能及表現更優秀的 AR 裝置 Reality One，這是蘋果在 AR 裝置的核心競爭力，也是仍然沿用供應鏈組裝技術的微軟無法直接競爭的地方。故此在 AR 領域，我我相信蘋果電腦是首家能夠向一般消費者提供 AR 裝置，並成為該市場龍頭。

開發沈浸式商用體驗

雖然微軟在消費者市場的智能裝置難以與蘋果比擬，但公司即使早年在智能手機市場一敗塗地，但仍然是全球市值最大的上市公司之一，依靠的不是零售消費者的忠誠，而是價值更高的企業客戶。事實上，除了遊戲業務外，其他業務都是商業客戶為主，也是微軟的競爭優勢及核心競爭力所在。如何將企業客戶引入元宇宙，相當於早年將傳統企業引入雲服務一樣，都是層層遞進，先由創新公司及 IT 公司「嘗鮮」，取得用戶回應後再逐步改進及增加各種功能，並向其他行業慢慢介紹，從而產生最大的收益。

事實上，微軟在元宇宙開發上，更著重軟件及應用程式的開發，多於 AR、VR 或元宇宙裝置的研發工作，並實施「兩條腿走路」：在消費者市場上，擁有 Xbox 遊戲主機平台，以及多家著名遊戲公司的遊戲版權及大量遊戲用戶，只要有合適的 AR 或元宇宙裝置，就能逐步遊戲「AR 化」，帶及遊戲用戶更沉浸的體驗，並帶來另一波收入及利潤增長；另一方面，在企業用戶方面，則持續升級通訊軟件 Microsoft Teams，微軟指 Teams

已實現沈浸式體驗，Teams 會議室可加入智能攝像頭等智能硬件，並借助人工智能技術消除遠程會議者數碼及物理上隔閡。同時，微軟也開發商業會議應用程式 Mesh，與會者可以使用個性化頭像和沈浸式空間出席會議，並可從任何設備訪問這一沈浸式空間，加上與各家大型企業合作發展工業元宇宙，都可見微軟的元宇宙，與現時的雲服務一樣，都是針對商業用戶為先。

即使與蘋果發展元宇宙的策略不同，但依靠龐大的遊戲資產及商業用戶，以及已放下身段，可以依附任何操作平台的微軟，進入元宇宙世界時也同樣維持龐大的核心競爭力。

三大分部業績各有表現

據微軟截至 2022 年 9 月 30 日的季度業績，收入按年增 11% 至 501.2 億美元；毛利（Gross margin）為 346.7 億美元，按年增 9.4%，成績不俗。微軟的收入主要來自三大部門，其中，包括 Microsoft 365、LinkedIn 及 Dynamics 等在內的生產力和業務流程（Productivity and Business Processes）收入增加 9% 至 164.65 億美元，而 Office 365 商業用戶增加 13% 至 6,130 萬。LinkedIn 及 Dynamic 365 的收入則分別按年增加 17% 及 24%。

智慧雲服務（Intelligent Cloud）則是以微軟的 Azure 為主的雲服務。該業務收入為 203.25 億美元，按年增加 20%，同時錄得 89.78 億美元的經營收入，按年升 16.8%。其中 Azure 的收入按年大幅增長 35%，成為支撐智慧雲服務業務持續高速增長的主要貢獻者。

至於最後的個人運算業務（More Personal Computing），包括微軟的 Windows 及 Xbox 遊戲業務，期內這分部收入微跌 0.2% 至 133.32 億元美元。期內出售予電腦廠商及個人用戶的 Windows 授權業務，按年錄得 6% 的倒退；至於 Xbox 內容及服務收入則微升 0.4%，硬件收入則升 2%。

核心優勢來自企業與遊戲客戶

可以見到，雖然微軟聲稱已開始準備發展元宇宙業務，但對公司自身來說，收益更多是以企業服務、雲服務、遊戲及 Windows 授權服務為主。基於微軟在 VR／AR 智能硬件業務，除了針對相對小眾的企業及教育業務外，

發展仍然處於初始階斷，遠遠不如蘋果近年大刀闊斧式為推出其針對大眾消費者的 AR 智能裝置，而不斷研發各種晶片，加強數據傳輸能力，以提升用戶的使用體驗。所以，如果投資者看好未來 AR 及元宇宙產業的發展，可以先行投資以「設備 + 服務」為核心發展策略的蘋果。

蘋果的核心是先開發硬件產品，再逐步建立生態圈，吸納更多企業及程式員開發應用程式，豐富設備的使用體驗，達致互惠互利。雖然在硬件設備發展走得較慢，但硬件設備從來不是微軟的 DNA，除了 Xbox 能夠與 Sony 的 Playstation 分庭抗禮以外，Nokia 手機慘敗收場，自家電腦品牌 Surface 也只是小試牛刀，並未認真與其他電腦廠商直接競爭，所以微軟未來應不會在智能硬件上斥巨資開發。

微軟的核心優勢，在於與企業及遊戲客戶之間長久及穩定的關係。即使進入元宇宙，其實也是雲業務的延伸，如何讓企業客戶在元宇宙世界中進一步提高生產力、如何利用元宇宙令更多企業開始接觸及逐步採用更多微軟的服務、如何設計更具沉浸式的 AR / VR 甚至是元宇宙遊戲，吸引更多遊戲用戶「課金」參與，才是微軟未來的發展重點。所以，微軟的優勢在於「以靜制動」，只要市場出現 AR / VR 裝置並得到消費者的認同後，自然會見到微軟的服務及應用程式加入這個平台，可以用更少的成本，得到更多的效益。

6.3 Nvidia幣市放緩後的元宇宙部署

如果說英特爾是電腦中央處理器的「老大哥」，那麼，Nvidia（NASDAQ：NVDA）在顯示卡市場（Graphics Processing Unit, GPU）上，有著與英特爾同等的地位。更重要的是，對比英特爾的 CPU 業務近年開始被 AMD 步步進逼，而其晶片生產業務也開始被台積電追上時，Nvidia 的顯示卡仍然佔據市場最重要的位置，未受嚴重挑戰，同時顯示卡的應用範圍越來越多，由人工智能（AI）、加密貨幣挖礦，到元宇宙都需要顯示卡運算，市場潛力巨大。站在市場風口的「老大哥」，難免持續吸引資金及投資者的關注。

過去，GPU 主要負責渲染 2D 及 3D 立體光影效果，專注電腦圖形及圖像領域。後來人們發現，GPU 非常適合併行計算，可以加速近年興起的人工智能、虛擬實境（VR）及增強實境（AR）等算法。隨著應用範疇不斷增加，於是 GPU 不再局限於遊戲和影視領域，並逐步走入企業及商業伺服器領域，開闢新業務，令 Nvidia 的收入近年大幅增長。

GPU 運算 以人海戰術打贏 CPU

對比英特爾主力開發的 CPU，Nvidia 主力研製的 GPU 專精的範疇有所不同。用比較生動的比喻作為例子，CPU 核心的分析及運算能力就像一個善

於解難的天才，而 GPU 核心則像是普通的中學生。處理複雜運算時，善於解難的天才有其優勢；但是，如果運算任務簡單，但須處理的資料數量龐大的話，只要將任務及資料合理分配予一班中學生處理及運算，「三個臭皮匠，勝過諸葛亮」，即使擁有天才的腦袋，但也無法與一班中學生鬥快完成基本加減數，因為後者是以人多取勝。

事實上，現時 Nvidia 推出的顯示卡，核心數目多達數千個，也就是說差不多有幾間學校的學生，用「人海戰術」，與 4 至 8 個天才學生（CPU 核心）「鬥快」。故此，處理簡單而資料數量龐大的任務，例如光影追蹤的算法、立體變化等，用戶往往都是依靠效率更佳的 GPU，以得到更順暢的體驗。近年比較熱門的人工智能，則是要求電腦系統將龐大的資料歸納整合，從而判斷及辨識新資料屬於哪一個分類之中，或將已歸納的資料按要求編排，以符合人類對文字及藝術的理解等，跟光影追蹤的算法相似，都是數據量龐大，但運算要求相對簡單的例子，故此 GPU 在這些技術上也能大顯身手。

同時，顯示卡的並行運算技術用作加密貨幣「挖礦」也相當適合。故此，當加密貨幣出現大牛市時，例如在 2017 年及 2021 年時，都有礦場大規模購入顯示卡作「挖礦」之用，進一步推高顯示卡的需求，而作為顯示卡大廠，Nvidia 往往在加密貨幣大牛市時受惠。圖 6.2 為兩者 2021 年至 2022 年走勢，可見 2021 年下半年，Nvidia 股價與比特幣如火沖天走勢相似。

205

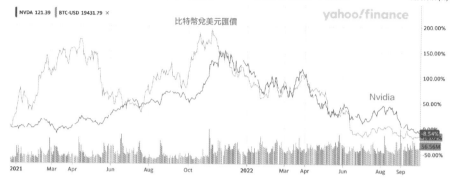

圖表 6.2 Nvidia 與比特幣兌美元匯價 2021 年至 2022 年走勢

（註：數據截至 2022 年 9 月 30 日） 資料來源：Yahoo Finance

挖幣模式轉型影響 GPU 需求

不過投資者也須留意，一旦加密貨幣牛市結束，或加密貨幣不再使用工作證明（Proof of Work，PoW）方式，而是轉為質押證明（Proof of Stake，PoS）方法對交易進行認證的話，都會對「挖礦顯示卡」的需求產生重大影響。例如在 2018 年加密貨幣熊市時，礦工「投降」在二手市場出售顯示卡，令新推出的 Nvidia 原廠顯示卡需求下跌，對 Nvidia 的收入及利潤造成一定影響。2022 年以太坊（Ethereum）正式由 PoW 轉為 PoS 後，利用顯示卡挖礦獲取以太坊收益的模式已成絕唱，礦場同樣以低價將持有的顯示卡向二手市場出售，部份遊戲玩家或會被低價吸引而購買二手顯示卡，令 Nvidia 新顯示卡需求減少，遊戲業務收入下跌。

撇除加密貨幣市場的影響，事實上，顯示卡潛在利潤豐厚，也吸引一些技術型競爭對手入場。除了 Nvidia 外，也有一些廠商也在生產 GPU 晶片，包括是「老對手」的 AMD，以及英特爾本身也有生產 GPU 的系列。不過

除了 AMD 的 Redeon 系列能夠稍為與 Nvidia 的 GeForce 系列比併（Nvidia 約有七成市場佔有率）外，英特爾早前推出的「Arc」系列，定位在於以更實惠的價格，提供中等效能的顯示卡功能，主要針對遊戲玩家，效能上與企業人工智能、自動駕駛或元宇宙需求等仍差一大截，也側面反映現時的顯示卡市場仍屬於兩雄爭霸的局面，而 Nvidia 目前局面佔優。

另一方面，Nvidia 也開始開發 CPU 晶片，希望在利潤較高的商用伺服器市場分一杯羹，也意味未來 Nvidia 會進一步與英特爾及 AMD 在 CPU 及 GPU 業務上會有更激烈的競爭。

打入數據市場為元宇宙部署

而為進一步增加 Nvidia 的競爭優勢，公司早年更開發專門為顯示卡的編碼程式 CUDA。這個開發程式令 Nvidia 的用途除了光線追蹤以外，功能進一步增加，例如人工智能及 VR 等需要大量並行運算的工作，都可以利用 CUDA 編寫程寫，再讓顯示卡晶片運算實行。這讓更多用戶為 CUDA 程式庫作出貢獻之餘，也令更多工作能夠讓顯示卡實現，讓用戶習慣其程式語法，其後更難「轉會」至其他同業，增加用戶的忠誠度。同時，Nvidia 也可以從 CUDA 開發者的需求中，更快掌握市場的需求，從而開發出更實用及具效能的顯示卡，更容易跑贏其他競爭對手，甚至讓其他競爭對手需要根據 CUDA 的需要設計顯示卡，將自己的用戶變成對手的潛在客戶，進一步拓展競爭優勢。

在元宇宙概念中，必須包括遊戲、圖像處理、VR 及 AR，甚至是人工智能等元素，才能令用戶能夠沉浸地感受元宇宙世界，暢順地與其他用戶交流

溝通，而整合這些數據資料，就需要用到能夠快速運算的顯示卡，以及更大型的數據中心處理比現時更複雜及大量的數據。故此可以見到，Nvidia 對未來的佈局相當精準，除了利用人工智能技術協助自動駕駛發展，也進入數據中心市場，為即將來臨的元宇宙時代先行部署，維持其核心競爭力。

經濟放緩影響季度收入

過去數年，隨著經濟增長、電競全球化，以及更多業務開始使用人工智能技術後，都對 Nvidia 的顯示卡銷售業務有重大幫助。在疫情期間，封城令更多人長期在家居逗留，更多人嘗試用遊戲解悶，同時，2020 年起全球「放水」，致加密貨幣價格普遍急升，令更多人關注，也令加密貨幣礦場再次成為投資者爭相追逐的「財富密碼」，即使中國在 2020 年 5 月作出打壓，關閉內地所有礦場，但這些礦場仍在其他地方開業賺錢。這進一步增加顯示卡的需求，令 Nvidia 的股價大幅上升。

然而，在 2022 年開始，隨著疫情開始趨緩，各國開始放寬社交隔離措施，居民娛樂有更多選擇。另一方面，經濟重啟令需求急升，帶動通脹，各國由「放水」變成「收水」，高風險資產如加密貨幣的價格急跌，「礦工」發現運行礦場的成本比賺到加密貨幣的收入更低。至於企業方面，因環球經濟受加息影響而逐步放緩，企業限制新的投資及削減開支，都令 IT 升級計劃受到阻延，Nvidia 的企業數據中心業務也受到一定影響。

據公司截至 2022 年 7 月底的季度業績，顯示公司收入為 67 億美元，按年增加 3%，但按季則倒退 19%，毛利率則大幅下跌 21.3 個百分點，至 43.5%，致經營溢利顯著下跌 80%，至 5 億美元，反映當環球經濟放緩、

加密貨幣下跌致礦場出售顯示卡，令原廠顯示卡售價下跌，影響遊戲業務收入及毛利率，以及原材料價格上升，對毛利率也有一定影響。

其中，Nvidia 的遊戲收入僅得 20.4 億美元，按年下跌 33%，按季更急劇下跌 44%，公司解釋主要受分銷渠道處理存貨有關，也歸咎俄烏戰爭，以及中國疫情致多地封城，令供應一度中斷，估計有關因素對收入造成約 5 億美元的影響。進一步推想，則是分銷渠道的顯示卡已呈供過於求的局面，故減少向 Nvidia 入貨，而為何顯示卡需求大幅下跌，除了經濟放緩，消費者減慢更新其電子產品外，加密貨幣「礦難」顯然是最主要的原因。

若撇除遊戲業務（Gaming），Nvidia 其他業務分部營運仍大致良好。其中數據中心（Data Center）收入按年增長 61%，按季增長 1%，至 38.06 億美元；專業視覺業務（Professional Visualization）收入達 5 億美元，按年跌 4%，按季則跌 20%；而自動駕駛業務（Automotive）則有 2.2 億美元，按年升 45%，按季升 59%。可以見到，Nvidia 現時最主要的業務分別在於企業市場向數據中心出售顯示卡，以及在消費、遊戲及加密貨幣市場出售消費級顯示卡兩大項，至於人工智能，如專業視覺及自動駕駛業務則是相對較新的業務，兩項業務僅佔公司約一成的收入，除非能在短期內迅速增長，否則對公司的股價影響不大。

圖表 6.3 Nvidia 2021 年及 2022 年第二季分部收入變化

金額：億美元

2021 年

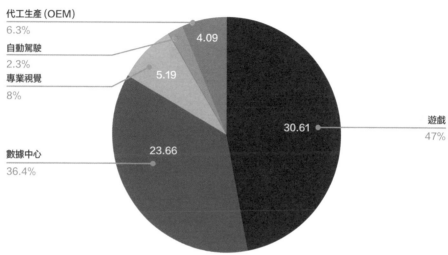

代工生產 (OEM)
6.3%

自動駕駛
2.3%

專業視覺
8%

數據中心
36.4%

遊戲
47%

4.09

5.19

23.66

30.61

2022 年

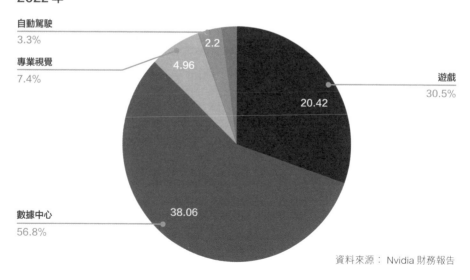

自動駕駛
3.3%

專業視覺
7.4%

數據中心
56.8%

遊戲
30.5%

2.2

4.96

38.06

20.42

資料來源： Nvidia 財務報告

第六章：從硬體到晶片　進軍元宇宙潛力股

待遊戲業務復甦後　才落注買入

綜合其業績顯示，自 2022 年 7 月底的季度業績，反映 Nvidia 的顯示卡產品即使成為行業領導者，但也受累於環球經濟、供應鏈及戰爭等無法控制的因素影響。然而，除了遊戲業務外，其他業務在環球經濟受壓下，營運仍大致良好，顯示在人工智能及元宇宙的大浪潮下，企業也開始為未來的潛在高增長市場做好準備，避免落後其他競爭對手，故仍會持續為這些技術及相關晶片進行投資。

對 Nvidia 而言，當市場將礦場出售的顯示卡消耗得七七八八，而經濟再度復甦時，消費者再次更新其電子及遊戲設備，如新的 PS5、XBox 及電腦顯示卡等，其遊戲業務將會重拾增長。雖然 Nvidia 收入增長開始放緩，整體仍有增長，但過去一年，其股價由歷史最高的 346 元大幅下跌超過六成，跌幅遠遠超過實際營運變化，反映市場情緒開始由極度樂觀過渡至悲觀狀態。未來投資者可繼續留意 Nvidia 季度業績變化，可等待至其遊戲業務收入開始出現由跌轉升的跡象，才逐步買入累積。

若蘋果電腦未來推出的 AR 裝置「Reality One」，以及 Meta 的元宇宙世界及 VR 裝置獲得好評，進一步引領更多企業進入元宇宙，為元宇宙提供圖像處理及人工智能技術的 Nvidia，自然也可以從中「漁人得利」。

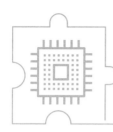

6.4 AMD 半導體業務 遇上勁敵

企業中文名為「超微半導體」的 AMD（Advanced Micro Devices）曾經風光，也一度沉淪，最後也像微軟一樣，憑籍精準的豪賭，以及競爭對手無法保持領先地位，從而成功搶佔一部份市場份額，業績高速增長，承托不斷水漲船高的股價，也成為美國科技股的代表之一。

要解釋 AMD 的復興之路，首先要理解半導體產業的發展。在上世紀，英特爾是半導體製造業的龍頭，與微軟達成戰略合作，前者做 CPU，後者做 Windows 作業系統，成功令個人電腦成為發達國家家庭及企業的標準配置。Wintel 聯盟令微軟及英特爾，成為半導體行業的「軟硬天師」。

產業及技術壟斷下，企業及股東固然希望賺更多的錢，不願繼續巨額投資，但這也令日後兩家公司先後出現危機。其中，英特爾認為自己的晶片製程遠比競爭對手有優勢，故此不開放予其他同業生產晶片。當時半導體產業也傾向自行建晶片廠及自行生產晶片，例如 AMD 也設有晶片生產部門，故研發成本分散，既要設計晶片，又要花成本研究運算能力更強大、功耗更低的晶片，以及花巨資引入新的晶片製造設備及淘汰舊設備，故此在英特爾面前，AMD 幾乎毫無還擊之力。

三星及台積電稱霸晶片先進製程

雖然英特爾是龍頭企業，但仍有幾個缺點。一是沒有認真研究流動裝置及智能手機的潛力，最終這個市場幾乎屬於另一家晶片設計公司 ARM 的天下，並由應用 ARM 專利設計晶片的蘋果電腦、高通及台灣的聯發科技等瓜分智能手機 CPU 市場；二是顯示卡市場也同樣無能為力，被英偉達成為顯示卡市場龍頭，並在人工智能市場搶佔重大先機；三是低估晶片外判生產會成為市場主流，讓台積電及三星最終能夠發展成直接競爭的對手。

事實上，台積電創立之初，也是由一個小型的晶片製造工場起步，不過創辦人張忠謀堅持不斷研發製程更短的晶片，以提高競爭力，同時強調及保證客戶設計的晶片內容保密，即使在台積電工廠生產，其設計方案也不會外洩。結果越來越受市場歡迎，甚至令營運模式開始出現變化，由晶片設計生產一體化變成「分家」，晶片設計公司以輕資產模式，專注設計晶片，而台積電等晶片生產商則著力提升晶片製作工藝，並集合晶片設計公司的訂單，具規模效應及成本效益。

另一方面，隨著晶片製造越來越小，研發成本及資本開支也不斷增加，晶片生產商也出現競爭，行業也持續集中化。最終，具有強大的資本、市場佔有率的台積電及三星仍能跑出，成為晶片設計商全球唯二的先進製程（7nm 以內）選擇。

AMD 發展初期周身刀無張利

AMD 誕生之初，基本上與半導體晶片有關的業務都有沾手，包括 CPU、存儲晶片、晶片生產等，並不斷透過併購擴充業務，結果卻是「周身刀，無張利」，無法與其他晶片大廠進行有意義的競爭。甚至有傳言指出，英特爾與 AMD 早年簽訂的 X86 CPU 專利交換協議，目的只為留住 AMD，避免這家公司倒閉，以避開歐美的反壟斷訴訟，可見當時 AMD 的「市場定位」是何等卑微。

公司的復興之路，由 2006 年收購顯示卡製作公司 ATI 開始。收購這家公司後，美國出現「百年一遇」的金融海嘯，重創全球經濟。為應對公司資金周轉問題，AMD 將其晶片生產業務 Global Foundries 出售予中東阿布扎比主權基金（最終這家公司在 2021 年成功上市，股票代碼為 GFS），並簽訂長期的供貨協議，令 AMD 由晶片設計及製作一體化公司，轉型至與 Nvidia 一樣的輕資產的純晶片開發設計公司。

其後公司專注芯片研發，並在 2017 年成功推出 "Zen" 架構的電腦 CPU，以及轉用台積電為 AMD 生產該 CPU 晶片。在 2000 年代，台積電的製造工藝多次突破，反之英特爾在先進製程上則面對重重困難，在 2017 年兩家公司的工藝水平已無太大差別。故此 AMD 轉用新的架構及新的晶片製造工藝生產的 CPU，其性能與英特爾的 CPU 分別不大，個別型號效能上更有超前之勢，加上 AMD 晶片的訂價較英特爾低，吸引消費者注意，於是個人電腦 CPU 的市場份額開始被 AMD 搶佔。

以 CPU+GPU 結合　跑贏對手

在推出 Zen 架構的電腦 CPU 後，AMD 的收入及盈利在 2017 年起增長也越來越明顯。圖表 6.4 就是 AMD 由 2021 年起至 2022 年按季的收入變化。

圖表 6.4 AMD 2021 年至 2022 年按季收入
金額：億美元

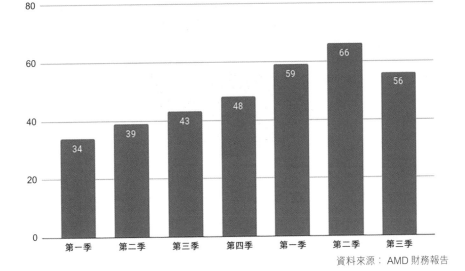

資料來源：AMD 財務報告

圖表 6.5 AMD 2021 年及 2022 年第三季分部收入
金額：億美元

2021 年

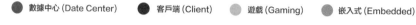

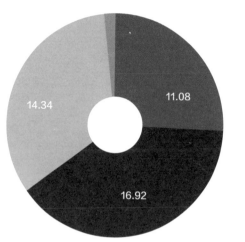

2022 年

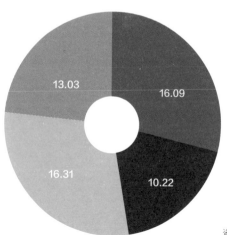

資料來源：AMD 財務報告

第六章：從硬件到晶片 進軍元宇宙潛力股

另一方面，憑藉其為市場領先的 CPU+GPU 結合的企業（對比英特爾在 CPU 較為領先，但 GPU 仍在起步中；而英偉達則主力 GPU，而 CPU 僅在人工智能及自動導航系統晶片中作為輔助運算的角色，近期則有意研發企業級 CPU）。在現時的人工智能大勢下，數據中心也需要更多 GPU 及 CPU+GPU 一體化的晶片，令 AMD 站在風口之上，成為企業市場的重要選擇之一。在其公布的企業業務中，公司的增長更為迅速：

於 2020 年，AMD 更公布收購晶片設計公司賽靈思（Xilinx），至 2022 年初完成收購，直接取得現場可程式化邏輯閘陣列（FPGA）的市場領導地位，進一步為 AMD 的業績帶來貢獻。

AMD 連番轉型，最終慢慢掌握半導體各種重要的設計技術，晶片設計能力與老對手英特爾逐漸拉近，也搶佔對手不少市佔率，令市值曾經一度超越英特爾，完成復興大計。

AMD 缺乏深度護城河

不過，正如我在此書上首幾章強調，在價值投資中，更重要的是「核心技術」及「深度護城河」兩個重點。AMD 雖然不斷將握新技術，與對手的距離逐漸拉近，但相關的「核心技術」並非其一家獨有，英特爾及英偉達都能做到 AMD 同類產品，而且競爭仍然相當激烈，用戶可以比較各家公司產品的性能價格而「轉會」，難言公司具有「深度護城河」的特性，故此當個人電腦及數據中心市場增長開始放緩的話，對公司的股價影響或較大。

另一方面，AMD 在先進製程晶片與台積電合作，加上英特爾近年的先進製程面對阻滯，故此 AMD 的 CPU 產品能夠打贏對手，搶佔份額。不過英特爾並非一直「捱打」，公司經歷管理層轉換，也推出新的政策目標。較讓人震驚的是，過去一直設計生產一體化的英特爾，也開始吸納客戶的晶片製造訂單，意味希望通過晶片產業外判增加收入，正式與台積電及三星競爭。另一方面，在高端晶片製造中，過去一直自行生產的英特爾，也終於決定「假手於人」，將一些較為高階的訂單，給予台積電或三星負責生產，以提高晶片性能表現與 AMD 競爭。

晶片市場戰　比拼電晶體密度

同時，英特爾也公布其先進製程的投產計劃。雖然坊間普遍認為經歷多年的阻滯後，英特爾的晶片研發實力已被台積電及三星拋離一至兩個世代。但英特爾則指出，是台積電及三星將製程工藝的代號變得市場化，導致製程工藝並沒有可比較性。

事實上，去衡量晶片的性能，其中一個重要的數據是，在同一個晶片面積，到底最多可以放進多少顆電晶體（Transistors）。有第三方調查機構發布研究，發現三家公司在相同「製程」中，電晶體數目有非常大的差別。

在 10nm 階段，三星及台積電都有在 2017 年中量產，而其電晶體密度為每平方毫米有約 5,200 萬粒，但英特爾早在 2014 年中推出新 14nm 製程工藝，其電晶體密度為每平方毫米有約 4,500 萬粒，而在 2019 年中推出的 10nm 製程，其電晶體密度為每平方毫米 1 億粒，差不多是三星及台積電同等製程工藝的一倍！

然而，市場目前比較關注製程多於電晶體密度，也令英特爾在推廣宣傳方面產生一定劣勢。故此，英特爾近期宣布將傳統以製程工藝命名的方式，改成與三星及台積電相若的命名方法，讓用家更容易比較三家的技術。

AMD vs 英特爾 需留意晶片關鍵技術進展

這都反映，在元宇宙時代，高效晶片固然重要，但傳統的晶片開發商仍然保持大量實力，故此競爭仍然激烈，只要某一廠商能夠突破關鍵技術並成為領導者，就能夠跑贏全行業，並獲得市場較高的估值。投資者需要時刻留意行業相關消息。

英特爾預期，到 2024 年至 2025 年，將可成功量產 GAA 工藝的晶片，克服 3nm 以內的晶片製程，與台積電的量產時間表相若。換言之，未來幾年，就是觀察到底台積電及英特爾哪一家企業會在研發上出現問題及阻滯。率先量產的企業，相信可以吸納最多的訂單，也代表更多收入及利潤，並能提振股價。以往績而論，台積電不論在資金及人才，似乎比英特爾更勝一籌，加上英特爾過去有延遲發布的往績，故此先行衡量台積電及 AMD 的業績表現，也合常理。

然而，投資者須時刻謹記，一旦風水輪流轉，GAA 製程工藝被英特爾捷足先登的話，AMD 的跌幅可能比你我想像還要多。

圖表 6.6 AMD 及英特爾 2021 至 2022 年股價走勢

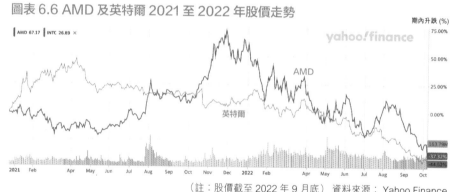

（註：股價截至 2022 年 9 月底）資料來源：Yahoo Finance

Wealth 148

超值美股
有績可尋

作者	張玉峰
內容總監	曾玉英
責任編輯	黃詠茵
書籍設計	Alan Chan
相片提供	Getty Images

出版	天窗出版社有限公司 Enrich Publishing Ltd.
發行	天窗出版社有限公司 Enrich Publishing Ltd.
	九龍觀塘鴻圖道78號17樓A室
電話	(852) 2793 5678
傳真	(852) 2793 5030
網址	www.enrichculture.com
電郵	info@enrichculture.com
出版日期	2023年1月

定價	港幣 $158 新台幣 $790
國際書號	978-988-8599-91-2
圖書分類	（1）投資理財 （2）工商管理